RAPHAEL'S ASTRONOMICAL

Ephemeris of the Planets' Places

for 1980

Mean Obliquity of the Ecliptic, 1980, 23° 26′ 30·78″.

INTRODUCTION

This edition has been redesigned to improve its use without omitting any of its usual features. The main data is now given on the upper part of each page, with Pluto and the Moon's Node included and the position of the Moon is given at each phase. The data for the planets are now arranged in order from Mercury out to Pluto. The name "URANUS" is given in place of "HERSCHEL". The times of the planets entry into the Signs of the Zodiac are added to those for the Sun and Moon. Again all times in this Ephemeris are calculated in Ephemeris Time.

BRITISH SUMMER TIME

British Summer Time begins on March 16 and ends on October 26. When *British Summer Time* (one hour in advance of G.M.T.) is used, subtract one hour from B.S.T. before entering this Ephemeris.

These dates are correct according to the Acts in force at the time of printing.

Printed in Great Britain

ISBN 0-572-01038-9

Published by

LONDON: W. FOULSHA

NEW YORK TORONTO CAP

New Moon—January 17, 9*h.* 19*m.* *p.m.* (26° ♑ 55′)

D M	D W	Sidereal Time H. M. S.	☉ Long ° ′ ″	☉ Dec. ° ′	☽ Long. ° ′ ″	☽ Lat. ° ′	☽ Dec. ° ′	☽ Node ° ′	MIDNIGHT ☽ Long. ° ′ ″	MIDNIGHT ☽ Dec. ° ′
1	Tu	18 41 13	10♑13 25	23 S 3	29♊43 43	4 S 28	18 N59	1♍52	6♋14 44	19 N 9
2	W	18 45 10	11 14 33	22 58	12♋41 54	3 47	19 4	1 49	19 5 8	18 44
3	Th	18 49 6	12 15 41	22 52	25 24 24	2 56	18 11	1 46	1♌39 47	17 24
4	F	18 53 3	13 16 50	22 47	7♌51 22	1 57	16 25	1 43	13 59 22	15 16
5	S	18 56 59	14 17 58	22 40	20 4 3	0 S 54	13 57	1 40	26 5 44	12 29
6	Su	19 0 56	15 19 6	22 34	2♍4 50	0 N11	10 55	1 36	8♍1 48	9 14
7	M	19 4 52	16 20 15	22 26	13 57 8	1 15	7 28	1 33	19 51 23	5 38
8	Tu	19 8 49	17 21 23	22 19	25 45 9	2 15	3 N46	1 30	1♎39 4	1 N51
9	W	19 12 46	18 22 32	22 11	7♎33 45	3 10	0 S 5	1 27	13 29 52	2 S 2
10	Th	19 16 42	19 23 40	22 2	19 28 6	3 57	3 58	1 24	25 29 4	5 52
11	F	19 20 39	20 24 49	21 53	1♏33 27	4 34	7 44	1 20	7♏41 49	9 32
12	S	19 24 35	21 25 58	21 44	13 54 46	4 59	11 15	1 17	20 12 48	12 52
13	Su	19 28 32	22 27 6	21 34	26 36 20	5 11	14 21	1 14	3♐5 44	15 41
14	M	19 32 28	23 28 15	21 24	9♐41 12	5 7	16 51	1 11	16 22 53	17 47
15	Tu	19 36 25	24 29 23	21 13	23 10 45	4 46	18 30	1 8	0♑4 37	18 57
16	W	19 40 21	25 30 31	21 2	7♑4 11	4 8	19 7	1 5	14 9 0	19 0
17	Th	19 44 18	26 31 39	20 51	21 18 29	3 14	18 34	1 1	28 31 56	17 49
18	F	19 48 15	27 32 46	20 39	5♒48 34	2 6	16 47	0 58	13♒7 33	15 28
19	S	19 52 11	28 33 53	20 27	20 28 0	0 N49	13 53	0 55	27 49 3	12 5
20	Su	19 56 8	29♑34 59	20 14	5♓9 53	0 S 31	10 6	0 52	12♓29 43	7 58
21	M	20 0 4	0♒36 4	20 1	19 47 53	1 49	5 43	0 49	27 3 46	3 S 24
22	Tu	20 4 1	1 37 8	19 48	4♈16 54	3 0	1 S 3	0 46	11♈26 52	1 N18
23	W	20 7 57	2 38 11	19 34	18 33 24	3 58	3 N36	0 42	25 36 17	5 50
24	Th	20 11 54	3 39 13	19 20	2♉35 24	4 41	7 58	0 39	9♉30 40	9 59
25	F	20 15 50	4 40 14	19 6	16 22 5	5 7	11 50	0 36	23 9 41	13 31
26	S	20 19 47	5 41 14	18 51	29 53 30	5 15	15 0	0 33	6♊33 37	16 16
27	Su	20 23 44	6 42 13	18 36	13♊10 7	5 6	17 19	0 30	19 43 5	18 8
28	M	20 27 40	7 43 11	18 20	26 12 36	4 41	18 42	0 26	2♋38 45	19 1
29	Tu	20 31 37	8 44 7	18 5	9♋1 37	4 3	19 6	0 23	15 21 18	18 55
30	W	20 35 33	9 45 3	17 49	21 37 53	3 13	18 31	0 20	27 51 28	17 54
31	Th	20 39 30	10♒45 57	17 S 32	4♌2 11	2 S 15	17 N 4	0♍17	10♌10 8	16 N 2

D M	Mercury Lat. ° ′	Mercury Dec. ° ′	Mercury Dec. ° ′	Venus Lat. ° ′	Venus Dec. ° ′	Venus Dec. ° ′	Mars Lat. ° ′	Mars Dec. ° ′	Mars Dec. ° ′	Jupiter Lat. ° ′	Jupiter Dec. ° ′
1	0 S 38	24 S 4	24 S 11	1 S 48	18 S 55	18 S 34	3 N 9	9 N11	9 N 9	1 N 8	8 N48
3	0 51	24 16	24 21	1 47	18 12	17 50	3 13	9 7	9 5	1 8	8 49
5	1 3	24 24	24 25	1 46	17 27	17 4	3 16	9 4	9 3	1 9	8 51
7	1 14	24 25	24 24	1 45	16 40	16 16	3 20	9 2	9 2	1 9	8 53
9	1 24	24 22	24 18	1 44	15 52	15 27	3 24	9 1	9 1	1 10	8 55
11	1 33	24 13	24 6	1 42	15 1	14 36	3 28	9 2	9 2	1 10	8 58
13	1 42	23 58	23 49	1 40	14 10	13 43	3 32	9 3	9 4	1 11	9 1
15	1 49	23 38	23 25	1 37	13 16	12 49	3 36	9 6	9 8	1 11	9 4
17	1 55	23 11	22 56	1 34	12 21	11 54	3 40	9 10	9 12	1 12	9 8
19	2 0	22 39	22 21	1 31	11 26	10 57	3 44	9 14	9 17	1 12	9 11
21	2 3	22 1	21 39	1 28	10 28	9 59	3 48	9 21	9 24	1 13	9 15
23	2 5	21 16	20 51	1 24	9 30	9 1	3 52	9 28	9 32	1 13	9 19
25	2 5	20 25	19 57	1 19	8 31	8 1	3 55	9 36	9 41	1 14	9 24
27	2 3	19 28	18 57	1 15	7 31	7 1	3 59	9 46	9 51	1 14	9 28
29	2 0	18 25	17 S 52	1 10	6 31	6 S 0	4 2	9 56	10 N 2	1 15	9 33
31	1 S 54	17 S 16		1 S 5	5 S 29		4 N 5	10 N 8		1 N15	9 N38

First Quarter—January 24, 1*h.* 58*m.* *p.m.* (3° ♉ 44′)

FULL MOON—January 2, 9*h.* 2*m.* *a.m.* (11° ♋ 7′)

D M	☿ Long.	♀ Long.	♂ Long.	♃ Long.	♄ Long.	♅ Long.	♆ Long.	♇ Long.	Lunar Aspects ☉	☿	♀	♂	♃	♄	♅	♆	♇
	° ′	° ′	° ′	° ′	° ′	° ′	° ′	° ′									
1	28 ♐ 43	12 ♒ 1	14 ♍ 3	10 ♍ 11	27 ♍ 0	24 ♏ 4	20 ♐ 57	21 ♎ 37		☍	⚼			□			
2	0 ♑ 15	13 15	14 13	10 ℞ 10	27 0	24 7	20 59	21 38	☍			⚹	⚹		⚼		
3	1 47	14 29	14 22	10 9	27 1	24 10	21 1	21 39				∠	∠	⚹	△		□
4	3 20	15 43	14 31	10 7	27 1	24 13	21 3	21 39					⊻	∠		⚼	
5	4 53	16 56	14 39	10 5	27 1	24 15	21 5	21 40		⚼	☍	⊻			□	△	⚹
S	6 27	18 10	14 46	10 3	27 1	24 18	21 7	21 41	⚼	△				⊻			∠
7	8 0	19 24	14 53	10 1	27 ℞ 1	24 21	21 9	21 41	△			☌	●				
8	9 35	20 38	14 59	9 59	27 1	24 23	21 11	21 42						●	⚹	□	⊻
9	11 9	21 51	15 4	9 56	27 1	24 26	21 14	21 42		□	⚼		⊻		∠		
10	12 44	23 5	15 8	9 53	27 0	24 28	21 16	21 43	□		△	⊻	∠		⊻	⚹	☌
11	14 20	24 18	15 12	9 50	27 0	24 31	21 18	21 43				∠		⊻		∠	
12	15 55	25 32	15 15	9 47	26 59	24 34	21 20	21 44		⚹		⚹	⚹	∠			
S	17 32	26 45	15 18	9 44	26 59	24 36	21 22	21 44	⚹		□			⚹	☌	⊻	⊻
14	19 9	27 59	15 20	9 40	26 58	24 38	21 24	21 45	∠	∠		□	□				∠
15	20 46	29 ♒ 12	15 21	9 37	26 57	24 41	21 26	21 45	⊻	⊻	⚹			□	⊻	☌	⚹
16	22 24	0 ♓ 26	15 ℞ 21	9 33	26 56	24 43	21 28	21 45					△		∠		
17	24 2	1 39	15 20	9 29	26 55	24 45	21 30	21 46	☌	☌	∠	△	⚼	△	⚹	⊻	□
18	25 41	2 52	15 19	9 25	26 54	24 47	21 32	21 46			⊻	⚼		⚼		∠	
19	27 20	4 5	15 17	9 20	26 53	24 50	21 33	21 46							□	⚹	△
S	29 ♑ 0	5 18	15 14	9 16	26 51	24 52	21 35	21 46	⊻	⊻	●		☍				⚼
21	0 ♒ 41	6 32	15 10	9 11	26 50	24 54	21 37	21 46	∠	∠		☍		☍	△	□	
22	2 22	7 45	15 6	9 6	26 48	24 56	21 39	21 46	⚹	⚹	⊻				⚼		
23	4 3	8 58	15 0	9 1	26 46	24 58	21 41	21 47			∠		⚼			△	☍
24	5 45	10 10	14 54	8 56	26 44	25 0	21 43	21 47	□	□		⚼	△			⚼	
25	7 28	11 23	14 48	8 51	26 42	25 2	21 44	21 ℞ 47			⚹	△		⚼			
26	9 12	12 36	14 40	8 45	26 40	25 3	21 46	21 47	△					△	☍		
S	10 55	13 49	14 31	8 39	26 38	25 5	21 48	21 46		△	□	□	□				⚼
28	12 40	15 1	14 22	8 34	26 36	25 7	21 50	21 46	⚼	⚼				□		☍	△
29	14 25	16 14	14 12	8 27	26 34	25 8	21 51	21 46				⚹	⚹		⚼		
30	16 10	17 26	14 1	8 21	26 31	25 10	21 53	21 46			△		∠	⚹	△		□
31	17 ♒ 55	18 ♓ 38	13 ♍ 50	8 ♍ 15	26 ♍ 29	25 ♏ 12	21 ♐ 55	21 ♎ 46			⚼	∠	⊻			⚼	

D M	Saturn Lat.	Saturn Dec.	Uranus Lat.	Uranus Dec.	Neptune Lat.	Neptune Dec.	Pluto Lat.	Pluto Dec.
	° ′	° ′	° ′	° ′	° ′	° ′	° ′	° ′
1	2N10	3N11	0N17	18 S 31	1 N21	21 S 48	17N 2	7N24
3	2 10	3 11	0 17	18 32	1 21	21 48	17 3	7 24
5	2 11	3 11	0 17	18 34	1 21	21 48	17 4	7 25
7	2 12	3 12	0 17	18 35	1 21	21 48	17 6	7 25
9	2 12	3 12	0 17	18 36	1 21	21 49	17 7	7 26
11	2 13	3 13	0 17	18 38	1 21	21 49	17 8	7 27
13	2 13	3 14	0 17	18 39	1 21	21 49	17 9	7 27
15	2 14	3 15	0 17	18 40	1 21	21 49	17 10	7 28
17	2 14	3 17	0 17	18 41	1 21	21 49	17 11	7 29
19	2 15	3 18	0 17	18 42	1 21	21 50	17 13	7 30
21	2 15	3 20	0 17	18 43	1 21	21 50	17 14	7 31
23	2 16	3 22	0 17	18 44	1 21	21 50	17 15	7 32
25	2 16	3 24	0 17	18 45	1 21	21 50	17 16	7 33
27	2 17	3 26	0 17	18 46	1 21	21 50	17 18	7 34
29	2 17	3 28	0 17	18 47	1 21	21 51	17 19	7 35
31	2N18	3N31	0N17	18 S 47	1 N21	21 S 51	17N20	7N37

Mutual Aspects.

1. ☉ △ ♃. ♀ ⚼ ♄.
2. ☿ ⊥ ♅. ♀ **P** ♅.
3. ♀ ∇ ♂. 4. ☿ **Q** ♇.
5. ☉ △ ♂. 6. ♄ **Stat.**
8. ☿ △ ♃, ∠ ♅. ♀ ± ♄, ⚹ [♆.
9. ♀ △ ♇.
11. ☉ **P** ♆. ♀ □ ♅.
12. ☉ ⊻ ♆, □ ♇. ☿ △ ♂.
13. ♀ ∇ ♄.
15. ☉ ⚼ ♃, ⚹ ♅. ☿ ⊻ ♆.
16. ☿ □ ♇. ♂ **Stat.**
17. ☉ △ ♄. ☿ ⚼ ♃, ⚹ ♅.
18. ☉ ⊥ ♆.
19. ☿ △ ♄, ⊥ ♆. ♀ **Q** ♆.
21. ☉ ☌ ☿, ⊥ ♀, ⚼ ♂. ☿ ⊥ ♀, ⚼ ♂, **P** ♆. ♀ ⚼ ♇.
22. ☿ ± ♃.
23. ☉ ± ♃. ♀ **P** ♂, ☍ ♃, **P** [♃.
24. ♇ **Stat.**
25. ☿ **Q** ♅, ∠ ♆. [⚹ ♇.
26. ☉ **P** ♅. ☿ ± ♂, ∇ ♃. ♆
27. ☉ **Q** ♅, ∠ ♆. ☿ ⚼ ♄. ♀ [**P** ♇.
28. ☿ **P** ♅. ♀ ☍ ♂.
29. ☉ ± ♂, ∇ ♃. ☿ ∇ ♂. ♀ [± ♇.
30. ☉ **P** ☿.

LAST QUARTER—January 10, 11*h.* 49*m.* *a.m.* (19° ♎ 23′)

New Moon—February 16, 8*h.* 51*m.* *a.m.* (26° ♒ 50′)

D M	D W	Sidereal Time H. M. S.	☉ Long. ° ′ ″	☉ Dec. ° ′	☽ Long. ° ′ ″	☽ Lat. ° ′	☽ Dec. ° ′	☽ Node. ° ′	MIDNIGHT ☽ Long. ° ′ ″	MIDNIGHT ☽ Dec. ° ′
1	F	20 43 26	11♒46 51	17 S 15	16♌15 30	1 S 11	14 N50	0♍14	22♌18 27	13 N28
2	S	20 47 23	12 47 43	16 58	28 19 11	0 S 5	11 59	0 11	4♍17 58	10 22
3	Su	20 51 19	13 48 35	16 41	10♍15 4	1 N 1	8 40	0 7	16 10 48	6 52
4	M	20 55 16	14 49 25	16 23	22 5 31	2 3	5 2	0 4	27 59 36	3 N 8
5	Tu	20 59 13	15 50 14	16 5	3♎53 29	3 1	1 N13	0♍ 1	9♎47 39	0 S 43
6	W	21 3 9	16 51 3	15 47	15 42 34	3 50	2 S 38	29♌58	21 38 46	4 33
7	Th	21 7 6	17 51 50	15 29	27 36 49	4 30	6 25	29 55	3♏37 16	8 14
8	F	21 11 2	18 52 37	15 10	9♏40 42	4 59	9 59	29 52	15 47 42	11 38
9	S	21 14 59	19 53 22	14 51	21 58 51	5 15	13 11	29 48	28 14 43	14 36
10	Su	21 18 55	20 54 7	14 32	4♐35 49	5 16	15 52	29 45	11♐ 2 38	16 58
11	M	21 22 52	21 54 50	14 12	17 35 33	5 2	17 51	29 42	24 14 56	18 31
12	Tu	21 26 48	22 55 33	13 53	1♑ 0 58	4 31	18 56	29 39	7♑53 46	19 4
13	W	21 30 45	23 56 14	13 33	14 53 17	3 43	18 55	29 36	21 59 17	18 28
14	Th	21 34 42	24 56 54	13 12	29 11 25	2 40	17 43	29 32	6♒29 9	16 40
15	F	21 38 38	25 57 33	12 52	13♒51 45	1 25	15 19	29 29	21 18 24	13 42
16	S	21 42 35	26 58 10	12 31	28 48 6	0 N 3	11 51	29 26	6♓19 46	9 48
17	Su	21 46 31	27 58 46	12 11	13♓52 19	1 S 20	7 35	29 23	21 24 35	5 15
18	M	21 50 28	28 59 21	11 50	28 55 29	2 38	2 S 50	29 20	6♈23 59	0 S 24
19	Tu	21 54 24	29♒59 53	11 28	13♈49 8	3 43	2 N 1	29 17	21 10 10	4 N23
20	W	21 58 21	1♓ 0 24	11 7	28 26 25	4 33	6 40	29 13	5♉37 23	8 49
21	Th	22 2 17	2 0 53	10 46	12♉42 45	5 5	10 48	29 10	19 42 18	12 37
22	F	22 6 14	3 1 20	10 24	26 35 59	5 18	14 15	29 7	3♊23 51	15 39
23	S	22 10 10	4 1 45	10 2	10♊ 6 3	5 12	16 49	29 4	16 42 48	17 45
24	Su	22 14 7	5 2 8	9 40	23 14 25	4 51	18 26	29 1	29 41 13	18 52
25	M	22 18 4	6 2 30	9 18	6♋ 3 33	4 15	19 3	28 58	12♋21 47	19 0
26	Tu	22 22 0	7 2 49	8 56	18 36 17	3 28	18 43	28 54	24 47 26	18 13
27	W	22 25 57	8 3 7	8 33	0♌55 35	2 31	17 29	28 51	7♌ 1 4	16 34
28	Th	22 29 53	9 3 22	8 11	13 4 12	1 29	15 28	28 48	19 5 19	14 12
29	F	22 33 50	10♓ 3 36	7 S 48	25♌ 4 41	0 S 24	12 N47	28♌45	1♍ 2 35	11 N15

D M	Mercury. Lat. ° ′	Mercury. Dec. ° ′	Mercury. Dec. ° ′	Venus. Lat. ° ′	Venus. Dec. ° ′	Venus. Dec. ° ′	Mars. Lat. ° ′	Mars. Dec. ° ′	Mars. Dec. ° ′	Jupiter. Lat. ° ′	Jupiter. Dec. ° ′
1	1 S 51	16 S 40	16 S 2	1 S 2	4 S 58	4 S 27	4 N 7	10 N14	10 N21	1 N15	9 N41
3	1 41	15 22	14 42	0 56	3 56	3 25	4 10	10 27	10 34	1 16	9 46
5	1 30	14 0	13 17	0 50	2 54	2 23	4 13	10 42	10 49	1 16	9 51
7	1 15	12 33	11 48	0 44	1 51	1 20	4 15	10 56	11 4	1 16	9 57
9	0 58	11 2	10 16	0 38	0 S 48	0 S 17	4 17	11 12	11 20	1 17	10 3
11	0 38	9 30	8 43	0 31	0 N15	0 N46	4 19	11 28	11 37	1 17	10 8
13	0 S 14	7 57	7 11	0 24	1 18	1 49	4 21	11 45	11 54	1 17	10 14
15	0 N11	6 25	5 41	0 17	2 21	2 52	4 22	12 2	12 11	1 18	10 20
17	0 39	4 58	4 18	0 9	3 23	3 55	4 23	12 20	12 29	1 18	10 26
19	1 9	3 39	3 3	0 S 1	4 26	4 57	4 23	12 37	12 46	1 18	10 32
21	1 40	2 30	2 1	0 N 7	5 28	5 59	4 23	12 55	13 4	1 18	10 38
23	2 10	1 35	1 14	0 15	6 29	7 0	4 23	13 12	13 21	1 19	10 44
25	2 39	0 57	0 S 45	0 23	7 30	8 N 1	4 22	13 29	13 N38	1 19	10 50
27	3 3	0 37	—	0 32	8 31	—	4 21	13 46	—	1 19	10 56
28	3 14	0 35	—	0 36	9 1	—	4 20	13 54	—	1 19	10 59
29	3 N24	0 S 37		0 N40	9 N31		4 N19	14 N 2		1 N19	11 N 2

First Quarter—February 23 0*h.* 14*m.* *a.m.* (3° ♊ 32′)

D M	☿ Long.	♀ Long.	♂ Long.	♃ Long.	♄ Long.	♅ Long.	♆ Long.	♇ Long.
	° ′	° ′	° ′	° ′	° ′	° ′	° ′	° ′
1	19♒41	19♓51	13♍37	8♍ 9	26♍26	25♏13	21♐56	21♎45
2	21 28	21 3	13 ℞24	8 ℞ 3	26 ℞24	25 15	21 58	21 ℞45
3	23 14	22 15	13 10	7 56	26 21	25 16	22 0	21 45
4	25 0	23 27	12 56	7 49	26 18	25 17	22 1	21 44
5	26 46	24 39	12 40	7 42	26 15	25 19	22 3	21 44
6	28♒32	25 51	12 24	7 36	26 12	25 20	22 4	21 44
7	0♓17	27 2	12 8	7 29	26 9	25 21	22 6	21 43
8	2 1	28 14	11 50	7 22	26 6	25 22	22 7	21 43
9	3 44	29♓25	11 32	7 14	26 2	25 23	22 9	21 42
10	5 26	0♈37	11 14	7 7	25 59	25 24	22 10	21 42
11	7 5	1 48	10 54	7 0	25 55	25 25	22 11	21 41
12	8 42	2 59	10 34	6 52	25 52	25 26	22 13	21 40
13	10 16	4 10	10 14	6 45	25 48	25 27	22 14	21 40
14	11 47	5 21	9 53	6 37	25 45	25 28	22 15	21 39
15	13 14	6 32	9 32	6 30	25 41	25 29	22 16	21 38
16	14 35	7 43	9 10	6 22	25 37	25 30	22 18	21 37
17	15 52	8 54	8 47	6 14	25 33	25 30	22 19	21 37
18	17 2	10 4	8 25	6 6	25 29	25 31	22 20	21 36
19	18 5	11 14	8 2	5 59	25 25	25 31	22 21	21 35
20	19 1	12 25	7 39	5 51	25 21	25 32	22 22	21 34
21	19 49	13 35	7 15	5 43	25 17	25 32	22 23	21 33
22	20 28	14 45	6 52	5 35	25 13	25 33	22 24	21 32
23	20 58	15 55	6 28	5 27	25 9	25 33	22 25	21 31
24	21 18	17 5	6 4	5 19	25 4	25 34	22 26	21 30
25	21 29	18 14	5 40	5 11	25 0	25 34	22 27	21 29
26	21 ℞29	19 24	5 17	5 4	24 56	25 34	22 28	21 28
27	21 20	20 33	4 53	4 56	24 51	25 34	22 29	21 27
28	21 2	21 42	4 29	4 48	24 47	25 34	22 30	21 26
29	20♓34	22♈51	4♍ 6	4♍40	24♍42	25♏34	22♐31	21♎25

Lunar Aspects.

D	☉	☿	♀	♂	♃	♄	♅	♆	♇
1	☍	☍		⊻		∠		△	✱
2						⊻	□		
3				☌	●				∠
4			☍			●	✱	□	⊻
5	⚼				⊻				
6	△	⚼		⊻			∠		
7		△		∠	∠	⊻	⊻	✱	☌
8			⚼	✱	✱	∠		∠	
9	□					✱	☌	⊻	⊻
10		□	△		□				∠
11	✱			□				☌	✱
12			□		△	□	⊻		
13	∠	✱		△	⚼		∠		□
14	⊻	∠	✱	⚼		△	✱	⊻	
15		⊻				⚼		∠	
16	●		∠		☍		□	✱	△
17		☌	⊻	☍					⚼
18	⊻					☍	△	□	
19	∠	⊻	☌		⚼		⚼		
20	✱	∠		⚼				△	☍
21			⊻	△	△	⚼		⚼	
22		✱	∠			△	☍		
23	□		✱	□	□				⚼
24		□				□		☍	△
25	△			✱	✱		⚼		
26	⚼	△	□	∠	∠				□
27		⚼		⊻	⊻	✱	△		
28						∠		⚼	
29			△			⊻	□	△	✱

D M	Saturn. Lat.	Saturn. Dec.	Uranus. Lat.	Uranus. Dec.	Neptune. Lat.	Neptune. Dec.	Pluto. Lat.	Pluto. Dec.
	° ′	° ′	° ′	° ′	° ′	° ′	° ′	° ′
1	2N18	3N32	0N17	18S48	1N21	21S51	17N20	7N37
3	2 19	3 34	0 17	18 48	1 21	21 51	17 21	7 39
5	2 19	3 37	0 17	18 49	1 21	21 51	17 22	7 40
7	2 20	3 40	0 17	18 50	1 21	21 51	17 23	7 41
9	2 20	3 43	0 17	18 50	1 21	21 51	17 24	7 42
11	2 20	3 46	0 17	18 51	1 21	21 51	17 26	7 44
13	2 21	3 49	0 17	18 51	1 21	21 51	17 27	7 45
15	2 21	3 53	0 17	18 51	1 21	21 52	17 28	7 47
17	2 22	3 56	0 17	18 52	1 22	21 52	17 29	7 48
19	2 22	3 59	0 17	18 52	1 22	21 52	17 30	7 50
21	2 22	4 3	0 17	18 52	1 22	21 52	17 30	7 51
23	2 23	4 7	0 17	18 52	1 22	21 52	17 31	7 53
25	2 23	4 10	0 17	18 53	1 22	21 52	17 32	7 54
27	2 23	4 14	0 17	18 53	1 22	21 52	17 33	7 56
28	2 23	4 16	0 17	18 53	1 22	21 52	17 34	7 57
29	2N23	4N18	0N17	18S53	1N22	21S52	17N34	7N57

Mutual Aspects.

1. ☉ ⚼ ♄. ☿ ⊻ ♀, ± ♄.
2. ☉ ▽ ♂. ☿ ✱ ♆, △ ♇.
3. ♀ □ ♆, ▽ ♇. ♂ **Q** ♅.
4. ☿ □ ♅. ♀ **P** ♄.
5. ☿ ▽ ♄.
6. ♀ ☍ ♄, △ ♅.
9. ☉ ± ♄. ☿ **P** ♂, **Q** ♆.
10. ☿ **P** ♃.
11. ☉ ✱ ♆, △ ♇. ☿ ☍ ♃, ⚼
13. ☿ ☍ ♂, **P** ♇. [♇.
14. ♃ ∠ ♇.
15. ☉ ▽ ♄. □ ♅. ♀ ▽ ♃.
17. ☉ **P** ♂. ☿ ± ♇. ♀ ▽ ♂.
18. ☿ **P** ♀, **P** ♄. ♀ **P** ♄, ⚼
20. ♀ ± ♃. [♅. ♄ ✱ ♅.
21. ☉ **P** ♃. ♀ ± ♂.
23. ☉ **Q** ♆. ♂ ∠ ♇.
24. ☉ ☍ ♃.
25. ☉ ☍ ♂, ⚼ ♇. ☿ ▽ ♇.
26. ☿ **Stat**, ▽ ♇. ♀ ± ♅, **P** ♇.
27. ☉ **P** ♀. ♀ ⚼ ♂, ⚼ ♃. ♂
• 28. ☿ ⊻ ♀. ♀ ☍ ♇. [☌ ♃.
29. ☉ **P** ♇. ♀ △ ♆. ♅ **Stat.**

New Moon—March 16, 6*h*. 56*m*. *p.m*. (26° ♓ 20′)

D M	D W	Sidereal Time H. M. S.	☉ Long. ° ′ ″	☉ Dec. ° ′	☽ Long. ° ′ ″	☽ Lat. ° ′	☽ Dec. ° ′	☽ Node ° ′	MIDNIGHT ☽ Long. ° ′ ″	MIDNIGHT ☽ Dec. ° ′
1	S	22 37 46	11 ♓ 3 47	7 S 25	6 ♍ 59 16	0 N 42	9 N 36	28 ♌ 42	12 ♍ 55 0	7 N 52
2	𝕾	22 41 43	12 3 57	7 2	18 50 2	1 46	6 3	28 38	24 44 38	4 10
3	M	22 45 39	13 4 6	6 39	0 ♎ 39 2	2 45	2 N 16	28 35	6 ♎ 33 31	0 N 20
4	Tu	22 49 36	14 4 12	6 16	12 28 22	3 37	1 S 36	28 32	18 23 53	3 S 31
5	W	22 53 33	15 4 16	5 53	24 20 24	4 20	5 25	28 29	0 ♏ 18 16	7 15
6	Th	22 57 29	16 4 19	5 30	6 ♏ 17 51	4 51	9 2	28 26	12 19 33	10 44
7	F	23 1 26	17 4 21	5 6	18 23 49	5 10	12 20	28 23	24 31 4	13 49
8	S	23 5 22	18 4 21	4 43	0 ♐ 41 46	5 16	15 9	28 19	6 ♐ 56 26	16 20
9	𝕾	23 9 19	19 4 19	4 20	13 15 31	5 6	17 20	28 16	19 39 29	18 7
10	M	23 13 15	20 4 15	3 56	26 8 50	4 42	18 42	28 13	2 ♑ 43 57	19 2
11	Tu	23 17 12	21 4 10	3 32	9 ♑ 25 12	4 1	19 6	28 10	16 12 54	18 54
12	W	23 21 8	22 4 3	3 9	23 7 14	3 6	18 24	28 7	0 ♒ 8 16	17 37
13	Th	23 25 5	23 3 55	2 45	7 ♒ 15 56	1 58	16 33	28 3	14 30 1	15 12
14	F	23 29 2	24 3 45	2 22	21 50 7	0 N 40	13 35	28 0	29 15 36	11 44
15	S	23 32 58	25 3 33	1 58	6 ♓ 45 43	0 S 42	9 40	27 57	14 ♓ 19 30	7 26
16	𝕾	23 36 55	26 3 19	1 34	21 55 49	2 2	5 4	27 54	29 33 28	2 S 37
17	M	23 40 51	27 3 3	1 10	7 ♈ 11 9	3 14	0 S 7	27 51	14 ♈ 47 33	2 N 23
18	Tu	23 44 48	28 2 45	0 47	22 21 24	4 12	4 N 49	27 48	29 51 31	7 9
19	W	23 48 44	29 ♓ 2 25	0 S 23	7 ♉ 16 51	4 51	9 21	27 44	14 ♉ 36 34	11 23
20	Th	23 52 41	0 ♈ 2 3	0 N 1	21 49 58	5 11	13 13	27 41	28 56 36	14 50
21	F	23 56 37	1 1 38	0 25	5 ♊ 56 10	5 11	16 12	27 38	12 ♊ 48 37	17 19
22	S	0 0 34	2 1 11	0 48	19 34 1	4 53	18 10	27 35	26 12 36	18 45
23	𝕾	0 4 30	3 0 42	1 12	2 ♋ 44 41	4 20	19 5	27 32	9 ♋ 10 43	19 9
24	M	0 8 27	4 0 11	1 36	15 31 12	3 35	18 59	27 29	21 46 38	18 34
25	Tu	0 12 24	4 59 37	1 59	27 57 37	2 41	17 56	27 25	4 ♌ 4 42	17 7
26	W	0 16 20	5 59 1	2 23	10 ♌ 8 26	1 41	16 5	27 22	16 9 23	14 54
27	Th	0 20 17	6 58 23	2 46	22 8 4	0 S 37	13 33	27 19	28 4 58	12 4
28	F	0 24 13	7 57 42	3 10	4 ♍ 0 33	0 N 28	10 28	27 16	9 ♍ 55 13	8 46
29	S	0 28 10	8 56 59	3 33	15 49 23	1 31	6 59	27 13	21 43 22	5 8
30	𝕾	0 32 6	9 56 14	3 56	27 37 30	2 30	3 N 14	27 9	3 ♎ 32 2	1 N 18
31	M	0 36 3	10 ♈ 55 27	4 N 19	9 ♎ 27 16	3 N 22	0 S 39	27 ♌ 6	15 ♎ 23 23	2 S 36

D M	Mercury Lat. ° ′	Mercury Dec. ° ′	Mercury Dec. (2) ° ′	Venus Lat. ° ′	Venus Dec. ° ′	Venus Dec. (2) ° ′	Mars Lat. ° ′	Mars Dec. ° ′	Mars Dec. (2) ° ′	Jupiter Lat. ° ′	Jupiter Dec. ° ′
1	3 N 31	0 S 44	0 S 56	0 N 45	10 N 0	10 N 29	4 N 18	14 N 9	14 N 17	1 N 19	11 N 4
3	3 40	1 12	1 32	0 53	10 58	11 27	4 16	14 24	14 31	1 19	11 10
5	3 42	1 55	2 21	1 2	11 56	12 24	4 13	14 38	14 44	1 19	11 16
7	3 33	2 49	3 18	1 11	12 52	13 20	4 10	14 51	14 57	1 19	11 21
9	3 18	3 48	4 19	1 20	13 47	14 14	4 7	15 3	15 8	1 19	11 27
11	2 56	4 49	5 18	1 30	14 41	15 8	4 3	15 13	15 18	1 19	11 32
13	2 30	5 45	6 11	1 39	15 34	16 0	3 59	15 23	15 27	1 19	11 37
15	2 1	6 35	6 57	1 48	16 25	16 50	3 55	15 31	15 35	1 19	11 42
17	1 32	7 17	7 35	1 57	17 15	17 40	3 51	15 38	15 42	1 19	11 47
19	1 2	7 50	8 2	2 6	18 4	18 27	3 46	15 44	15 47	1 19	11 51
21	0 33	8 12	8 20	2 15	18 50	19 13	3 42	15 49	15 51	1 19	11 56
23	0 N 6	8 26	8 29	2 24	19 35	19 57	3 37	15 53	15 54	1 19	12 0
25	0 S 19	8 30	8 29	2 32	20 19	20 40	3 32	15 55	15 55	1 18	12 4
27	0 43	8 25	8 20	2 41	21 0	21 20	3 27	15 56	15 56	1 18	12 8
29	1 4	8 12	8 S 3	2 50	21 40	21 N 59	3 22	15 56	15 N 55	1 18	12 11
31	1 S 23	7 S 52		2 N 58	22 N 18		3 N 17	15 N 55		1 N 18	12 N 14

First Quarter—March 23, 0*h*. 31*m*. *p.m*. (3° ♋ 2′)

FULL MOON—March 1, 9*h*. 0*m*. *p.m.* (11° ♍ 26′) and March 31, 3*h*. 14*m*. *p.m.* (11° ♎ 3′)

D M	☿ Long.	♀ Long.	♂ Long.	♃ Long.	♄ Long.	♅ Long.	♆ Long.	♇ Long.	☉	☿	♀	♂	♃	♄	♅	♆	♇
	° ′	° ′	° ′	° ′	° ′	° ′	° ′	° ′	Lunar Aspects.								
1	19♓58	24♈ 0	3♍42	4♍32	24♍38	25♏34	22♐32	21♎24	☍		⚼	☌	●				∠
S	19 ℞15	25 8	3 ℞19	4 ℞24	24 ℞33	25 ℞34	22 32	21 ℞23		☍				●		□	⊻
3	18 25	26 16	2 56	4 17	24 29	25 34	22 33	21 21				⊻	⊻		✶		
4	17 31	27 25	2 34	4 9	24 24	25 34	22 34	21 20				∠			∠		
5	16 33	28 33	2 11	4 1	24 19	25 33	22 34	21 19			☍		∠	⊻	⊻	✶	☌
6	15 32	29♈40	1 50	3 54	24 15	25 33	22 35	21 18	⚼	⚼		✶	✶	∠		∠	
7	14 31	0♉48	1 28	3 46	24 10	25 33	22 36	21 16	△	△				✶		⊻	⊻
8	13 31	1 56	1 7	3 39	24 5	25 32	22 36	21 15				□	□		☌		∠
S	12 33	3 3	0 47	3 31	24 1	25 32	22 37	21 14	□	□	⚼						
10	11 38	4 10	0 26	3 24	23 56	25 31	22 37	21 12				△		□	⊻	☌	✶
11	10 47	5 17	0♍ 7	3 17	23 51	25 31	22 38	21 11		✶	△	⚼	△		∠		
12	10 0	6 23	29♌48	3 10	23 46	25 30	22 38	21 10	✶	∠			⚼	△	✶	⊻	□
13	9 19	7 30	29 30	3 3	23 42	25 30	22 39	21 8	∠	⊻	□			⚼		∠	
14	8 45	8 36	29 12	2 56	23 37	25 29	22 39	21 7	⊻			☍			□	✶	△
15	8 16	9 42	28 55	2 49	23 32	25 28	22 39	21 5		☌	✶		☍				⚼
S	7 54	10 48	28 39	2 42	23 27	25 27	22 40	21 4	☌		∠			☍	△	□	
17	7 38	11 53	28 23	2 35	23 23	25 26	22 40	21 2		⊻	⊻	⚼			⚼		
18	7 28	12 58	28 9	2 29	23 18	25 25	22 40	21 1	⊻	∠		△	⚼			△	☍
19	7 24	14 3	27 54	2 22	23 13	25 24	22 40	20 59	∠	✶	☌		△	⚼		⚼	
20	7 D 27	15 8	27 41	2 16	23 9	25 23	22 40	20 58				□		△	☍		
21	7 35	16 13	27 28	2 10	23 4	25 22	22 40	20 56	✶	□			□				⚼
22	7 49	17 17	27 16	2 4	22 59	25 21	22 41	20 55			⊻			□		☍	△
S	8 8	18 21	27 5	1 58	22 54	25 20	22 41	20 53	□	△	∠	✶	✶				
24	8 31	19 24	26 55	1 52	22 50	25 19	22 41	20 52			✶	∠	∠		⚼		□
25	9 0	20 27	26 46	1 47	22 45	25 18	22 ℞41	20 50		⚼		⊻	⊻	✶	△		
26	9 33	21 30	26 37	1 41	22 41	25 16	22 41	20 48	△					∠		⚼	
27	10 10	22 33	26 29	1 36	22 36	25 15	22 40	20 47	⚼		□	☌		⊻	□	△	✶
28	10 51	23 35	26 22	1 31	22 32	25 14	22 40	20 45					●				∠
29	11 36	24 37	26 15	1 26	22 27	25 12	22 40	20 43		☍							⊻
S	12 24	25 38	26 10	1 21	22 23	25 11	22 40	20 42			△	⊻	⊻	●	✶	□	
31	13♓15	26♉39	26♌ 5	1♍16	22♍19	25♏ 9	22♐40	20♎40	☍		⚼	∠			∠		

D M	Saturn. Lat.	Saturn. Dec.	Uranus. Lat.	Uranus. Dec.	Neptune. Lat.	Neptune. Dec.	Pluto. Lat.	Pluto. Dec.
	° ′	° ′	° ′	° ′	° ′	° ′	° ′	° ′
1	2N24	4N20	0N17	18 S 53	1N22	21 S 52	17N34	7N58
3	2 24	4 24	0 17	18 52	1 22	21 52	17 35	8 0
5	2 24	4 28	0 17	18 52	1 22	21 52	17 36	8 1
7	2 24	4 31	0 17	18 52	1 22	21 52	17 37	8 3
9	2 24	4 35	0 17	18 52	1 22	21 52	17 37	8 5
11	2 24	4 39	0 17	18 52	1 22	21 52	17 38	8 6
13	2 25	4 43	0 17	18 51	1 22	21 52	17 39	8 8
15	2 25	4 47	0 17	18 51	1 23	21 52	17 39	8 9
17	2 25	4 51	0 17	18 51	1 23	21 52	17 40	8 11
19	2 25	4 55	0 17	18 50	1 23	21 52	17 40	8 12
21	2 25	4 58	0 17	18 50	1 23	21 52	17 41	8 14
23	2 25	5 2	0 17	18 49	1 23	21 52	17 41	8 15
25	2 25	5 6	0 17	18 48	1 23	21 51	17 41	8 17
27	2 25	5 9	0 17	18 48	1 23	21 51	17 42	8 18
29	2 25	5 13	0 17	18 47	1 23	21 51	17 42	8 20
31	2N25	5N16	0N17	18 S 46	1N23	21 S 51	17N42	8N21

Mutual Aspects.

2. ☿ ⊥ ♀. ♀ ∇ ♄, ∇ ♅.
3. ♀ **P** ♃. 5. ☉ ± ♇.
6. ☉ ☌ ☿. ☿ ∠ ♀, ± ♇. ♀ ± ♄.
7. ♀ △ ♂. 9. ♀ △ ♃.
8. ☉ **P** ♄.
10. ☉ **P** ☿.
11. ☉ ∇ ♇. ☿ **P** ♄.
12. ♀ **P** ♂.
13. ☉ □ ♆. ♀ ⚼ ♆.
14. ☉ ☍ ♄. ☿ ✶ ♀. ♀ ⚼ ♄.
15. ☉ △ ♅. 18. ☉ ∇ ♂.
19. ☉ ∠ ♀. ☿ **Stat.**
21. ☿ **P** ♇. ♀ **P** ♅, ± ♆.
22. ☉ ∇ ♃. 23. ☉ ± ♂.
24. ♆ **Stat.** 25. ♀ ∇ ♇.
26. ☿ **Q** ♀. ♄ □ ♆.
27. ♀ △ ♄, ∇ ♆.
28. ☉ ± ♃. ☿ **P** ♇.
30. ☉ ⚼ ♅. ♀ □ ♂, ☍ ♅, **P** ♆.
31. ☉ ⚼ ♂. ♀ ± ♇.

LAST QUARTER—March 9, 11*h*. 49*m*. *p.m.* (19° ♐ 34′)

New Moon—April 15, *3h.* 46*m. a.m.* (25° ♈ 19′)

D M	D W	Sidereal Time H. M. S.	☉ Long. ° ′ ″	☉ Dec. ° ′	☽ Long. ° ′ ″	☽ Lat. ° ′	☽ Dec. ° ′	☽ Node ° ′	MIDNIGHT ☽ Long. ° ′ ″	MIDNIGHT ☽ Dec. ° ′
1	Tu	0 39 59	11♈54 38	4N43	21♎20 36	4N 6	4S31	27♌ 3	27♎19 9	6S25
2	W	0 43 56	12 53 47	5 6	3♏19 12	4 39	8 15	27 0	9♏20 57	10 0
3	Th	0 47 53	13 52 53	5 29	15 24 36	5 0	11 40	26 57	21 30 23	13 13
4	F	0 51 49	14 51 59	5 52	27 38 31	5 8	14 38	26 54	3♐49 17	15 54
5	S	0 55 46	15 51 2	6 14	10♐ 2 56	5 1	16 59	26 50	16 19 47	17 53
6	𝔖	0 59 42	16 50 3	6 37	22 40 11	4 40	18 35	26 47	29 4 28	19 2
7	M	1 3 39	17 49 3	7 0	5♑33 0	4 4	19 15	26 44	12♑ 6 9	19 13
8	Tu	1 7 35	18 48 1	7 22	18 44 16	3 15	18 55	26 41	25 27 42	18 20
9	W	1 11 32	19 46 57	7 44	2♒16 44	2 14	17 29	26 38	9♒11 34	16 22
10	Th	1 15 28	20 45 51	8 7	16 12 22	1N 3	14 59	26 35	23 19 7	13 21
11	F	1 19 25	21 44 44	8 29	0♓31 43	0S14	11 30	26 31	7♓49 52	9 27
12	S	1 23 22	22 43 35	8 50	15 13 7	1 32	7 14	26 28	22 40 47	4S53
13	𝔖	1 27 18	23 42 24	9 12	0♈12 2	2 44	2S26	26 25	7♈45 51	0N 4
14	M	1 31 15	24 41 11	9 34	15 21 4	3 46	2N34	26 22	22 56 25	5 2
15	Tu	1 35 11	25 39 57	9 55	0♉30 36	4 32	7 24	26 19	8♉ 2 19	9 39
16	W	1 39 8	26 38 40	10 17	15 30 20	4 58	11 44	26 15	22 53 33	13 36
17	Th	1 43 4	27 37 21	10 38	0♊11 2	5 4	15 14	26 12	7♊22 2	16 36
18	F	1 47 1	28 36 1	10 59	14 26 2	4 51	17 43	26 9	21 22 44	18 32
19	S	1 50 57	29♈34 38	11 19	28 12 0	4 21	19 4	26 6	4♋53 56	19 20
20	𝔖	1 54 54	0♉33 13	11 40	11♋28 47	3 38	19 19	26 3	17 56 54	19 3
21	M	1 58 51	1 31 45	12 0	24 18 47	2 45	18 32	26 0	0♌34 58	17 48
22	Tu	2 2 47	2 30 16	12 21	6♌46 6	1 46	16 52	25 56	12 52 49	15 45
23	W	2 6 44	3 28 44	12 41	18 55 47	0S43	14 28	25 53	24 55 40	13 2
24	Th	2 10 40	4 27 10	13 0	0♍53 6	0N21	11 29	25 50	6♍48 45	9 49
25	F	2 14 37	5 25 34	13 20	12 43 10	1 23	8 4	25 47	18 36 57	6 14
26	S	2 18 33	6 23 56	13 39	24 30 35	2 21	4 20	25 44	0♎24 34	2N24
27	𝔖	2 22 30	7 22 16	13 58	6♎19 17	3 13	0N27	25 41	12 15 8	1S32
28	M	2 26 26	8 20 34	14 17	18 12 25	3 57	3S29	25 37	24 11 24	5 26
29	Tu	2 30 23	9 18 50	14 36	0♏12 18	4 30	7 19	25 34	6♏15 18	9 9
30	W	2 34 19	10♉17 4	14N54	12♏20 32	4N52	10S54	25♌31	18♏28 6	12S33

D M	Mercury. Lat.	Mercury. Dec.		Venus. Lat.	Venus. Dec.		Mars. Lat.	Mars. Dec.		Jupiter. Lat.	Jupiter. Dec.
	° ′	° ′	° ′	° ′	° ′	° ′	° ′	° ′	° ′	° ′	° ′
1	1S32	7S39	7S24	3N 2	22N36	22N53	3N14	15N54	15N52	1N18	12N16
3	1 48	7 8	6 50	3 10	23 10	23 27	3 9	15 51	15 49	1 18	12 19
5	2 2	6 30	6 9	3 18	23 43	23 59	3 4	15 47	15 45	1 17	12 21
7	2 13	5 46	5 22	3 25	24 14	24 28	2 59	15 42	15 40	1 17	12 24
9	2 22	4 56	4 29	3 32	24 42	24 56	2 55	15 37	15 34	1 17	12 26
11	2 29	4 1	3 32	3 39	25 9	25 21	2 50	15 30	15 26	1 17	12 28
13	2 34	3 1	2 29	3 45	25 33	25 44	2 45	15 23	15 18	1 16	12 29
15	2 37	1 55	1 21	3 51	25 55	26 5	2 40	15 14	15 10	1 16	12 31
17	2 38	0S45	0S 9	3 56	26 15	26 24	2 35	15 5	15 0	1 16	12 32
19	2 36	0N29	1N 8	4 1	26 33	26 41	2 31	14 55	14 50	1 16	12 32
21	2 33	1 48	2 29	4 6	26 48	26 55	2 26	14 44	14 39	1 15	12 33
23	2 27	3 10	3 53	4 10	27 2	27 8	2 22	14 33	14 27	1 15	12 33
25	2 19	4 36	5 21	4 13	27 13	27 18	2 17	14 20	14 14	1 15	12 33
27	2 9	6 6	6N51	4 15	27 23	27N27	2 13	14 8	14N 1	1 14	12 33
29	1 58	7 38	—	4 17	27 30	—	2 9	13 54	—	1 14	12 32
30	1S51	8N25		4N18	27N33		2N 7	13N47		1N14	12N32

First Quarter—April 22 *2h* 59*m. a.m.* (2° ♌ 8′)

Full Moon—April 30, 7*h*. 35*m*. *a.m*. (10° ♏ 6′)

EPHEMERIS] **APRIL, 1980** 9

D M	☿ Long.	♀ Long.	♂ Long.	♃ Long.	♄ Long.	♅ Long.	♆ Long.	♇ Long.
	° ′	° ′	° ′	° ′	° ′	° ′	° ′	° ′
1	14 ♓ 10	27 ♉ 40	26 ♌ 1	1 ♍ 11	22 ♍ 14	25 ♏ 8	22 ♐ 40	20 ♎ 38
2	15 7	28 41	25 ℞ 58	1 ℞ 7	22 ℞ 10	25 ℞ 6	22 ℞ 39	20 ℞ 37
3	16 8	29 ♉ 41	25 55	1 3	22 6	25 4	22 39	20 35
4	17 11	0 ♊ 40	25 53	0 59	22 1	25 3	22 39	20 33
5	18 16	1 39	25 52	0 55	21 57	25 1	22 38	20 32
𝔖	19 24	2 38	25 D 52	0 51	21 53	24 59	22 38	20 30
7	20 35	3 36	25 53	0 47	21 49	24 57	22 38	20 28
8	21 47	4 34	25 54	0 44	21 45	24 55	22 37	20 27
9	23 2	5 31	25 56	0 41	21 41	24 54	22 37	20 25
10	24 19	6 28	25 58	0 38	21 37	24 52	22 36	20 23
11	25 38	7 24	26 2	0 35	21 34	24 50	22 35	20 22
12	26 59	8 20	26 6	0 32	21 30	24 48	22 35	20 20
𝔖	28 21	9 15	26 10	0 30	21 26	24 46	22 34	20 18
14	29 ♓ 46	10 10	26 16	0 28	21 23	24 44	22 34	20 17
15	1 ♈ 12	11 4	26 22	0 25	21 19	24 42	22 33	20 15
16	2 40	11 57	26 29	0 23	21 16	24 39	22 32	20 13
17	4 10	12 50	26 36	0 22	21 12	24 37	22 32	20 12
18	5 42	13 42	26 44	0 20	21 9	24 35	22 31	20 10
19	7 15	14 33	26 52	0 19	21 6	24 33	22 30	20 8
𝔖	8 50	15 24	27 2	0 18	21 3	24 31	22 29	20 7
21	10 27	16 14	27 11	0 17	21 0	24 29	22 28	20 5
22	12 6	17 3	27 21	0 16	20 57	24 26	22 27	20 3
23	13 46	17 52	27 32	0 15	20 54	24 24	22 27	20 2
24	15 28	18 39	27 44	0 15	20 51	24 22	22 26	20 0
25	17 11	19 26	27 56	0 14	20 48	24 20	22 25	19 58
26	18 57	20 12	28 8	0 D 14	20 46	24 17	22 24	19 57
𝔖	20 44	20 56	28 21	0 15	20 43	24 15	22 23	19 55
28	22 33	21 40	28 35	0 15	20 41	24 12	22 22	19 54
29	24 23	22 23	28 49	0 15	20 39	24 10	22 21	19 52
30	26 ♈ 15	23 ♊ 5	29 ♌ 4	0 ♍ 16	20 ♍ 36	24 ♏ 8	22 ♐ 20	19 ♎ 50

D M	Lunar Aspects. ☉	☿	♀	♂	♃	♄	♅	♆	♇
1				✱	∠	⚺	⚺	✱	☌
2		⚼			✱	∠		∠	
3		△							⚺
4	⚼		☍	□	□	✱	☌	⚺	
5									∠
𝔖	△	□		△		□	⚺	☌	✱
7				⚼	△		∠		
8	□	✱	⚼		⚼	△	✱	⚺	□
9		∠	△			⚼		∠	
10	✱							✱	△
11	∠	⚺		☍	☍		□		⚼
12			□			☍		□	
𝔖	⚺	●					△		
14			✱	⚼	⚼		⚼	△	☍
15	☌	⚺	∠	△	△	⚼		⚼	
16		∠	⚺			△			
17	⚺	✱		□	□		☍		⚼
18	∠		☌			□			△
19	✱			✱	✱			☍	
𝔖		□	⚺	∠	∠		⚼		
21				⚺	⚺	✱	△		□
22	□		∠			∠		⚼	
23		△	✱			⚺	□	△	✱
24	△	⚼		☌	●				∠
25									
26	⚼		□	⚺	⚺	●	✱	□	⚺
𝔖							∠		
28		☍	△	∠	∠	⚺	⚺	✱	☌
29				✱	✱	∠			
30	☍		⚼					∠	

D M	Saturn. Lat.	Saturn. Dec.	Uranus. Lat.	Uranus. Dec.	Neptune. Lat.	Neptune. Dec.	Pluto. Lat.	Pluto. Dec.
	° ′	° ′	° ′	° ′	° ′	° ′	° ′	° ′
1	2 N 25	5 N 18	0 N 17	18 S 46	1 N 23	21 S 51	17 N 42	8 N 22
3	2 25	5 21	0 17	18 45	1 23	21 51	17 43	8 23
5	2 25	5 24	0 17	18 44	1 23	21 51	17 43	8 25
7	2 24	5 27	0 17	18 44	1 23	21 51	17 43	8 26
9	2 24	5 30	0 17	18 43	1 23	21 51	17 43	8 27
11	2 24	5 33	0 17	18 42	1 24	21 51	17 43	8 28
13	2 24	5 36	0 17	18 41	1 24	21 50	17 43	8 30
15	2 24	5 39	0 17	18 40	1 24	21 50	17 43	8 31
17	2 23	5 41	0 17	18 39	1 24	21 50	17 43	8 32
19	2 23	5 43	0 17	18 38	1 24	21 50	17 43	8 33
21	2 23	5 46	0 17	18 37	1 24	21 50	17 42	8 34
23	2 23	5 48	0 17	18 36	1 24	21 50	17 42	8 35
25	2 22	5 50	0 17	18 34	1 24	21 49	17 42	8 36
27	2 22	5 51	0 17	18 33	1 24	21 49	17 42	8 37
29	2 22	5 53	0 17	18 32	1 24	21 49	17 41	8 37
30	2 N 22	5 N 54	0 N 17	18 S 32	1 N 24	21 S 49	17 N 41	8 N 38

Mutual Aspects.

1. ☿ ± ♇.　3. ☉ **P** ♄.
4. ♀ □ ♃.
5. ☉ **P** ☿, ⚼ ♃.
6. ♂ **Stat.**　7. ☿ ▽ ♇.
8. ☉ ± ♅. ☿ ☍ ♄, **P** ♄.
9. ☿ □ ♆. ♀ ⚼ ♇.
10. ☉ ☍ ♇. ☿ **Q** ♀, △ ♅.
11. ☉ ▽ ♄, **P** ♇. ☿ ▽ ♂.
12. ☉ △ ♆.
14. ☉ ▽ ♅. ☿ ▽ ♃.
16. ☉ △ ♂. ☿ ± ♂.
17. ☉ ± ♄.　18. ☿ ± ♃.
19. ☉ ∠ ♀. ♀ **Q** ♂.
20. ☉ △ ♃. ☿ ⚼ ♅.
22. ☿ ⚼ ♂.
23. ☉ **P** ♃. ♀ **Q** ♃.
24. ☿ ⚼ ♃.　25. ☉ ⚼ ♄.
26. ☿ ± ♅. ♀ △ ♇. ♃ **Stat.**
27. ☉ **P** ♂, ⚼ ♆. ☿ ✱ ♀, ▽ ♄, **P** ♄, ☍ ♇. ♀ □ ♄.
28. ☿ △ ♆.
29. ☿ ▽ ♅. ♀ ☍ ♆.
30. ☿ ± ♄, **P** ♇.

Last Quarter—April 8, 0*h*. 6*m*. *p.m*. (18° ♑ 48′)

NEW MOON—May 14, 0*h.* 0*m. p.m.* (23° ♉ 49′)

D M	D W	Sidereal Time H. M. S.	☉ Long. ° ′ ″	☉ Dec. ° ′	☽ Long. ° ′ ″	☽ Lat. ° ′	☽ Dec. ° ′	☽ Node ° ′	MIDNIGHT ☽ Long. ° ′ ″	MIDNIGHT ☽ Dec. ° ′
1	Th	2 38 16	11♉ 15 17	15 N 12	24♏38 7	5 N 1	14 S 4	25♌28	0♐50 37	15 S 26
2	F	2 42 13	12 13 28	15 30	7♐ 5 41	4 55	16 38	25 25	13 23 24	17 40
3	S	2 46 9	13 11 37	15 48	19 43 49	4 35	18 28	25 21	26 7 4	19 3
4	Su	2 50 6	14 9 45	16 5	2♑33 14	4 1	19 24	25 18	9♑ 2 29	19 29
5	M	2 54 2	15 7 51	16 23	15 35 0	3 14	19 19	25 15	22 10 58	18 53
6	Tu	2 57 59	16 5 56	16 39	28 50 36	2 16	18 11	25 12	5♒34 8	17 13
7	W	3 1 55	17 4 0	16 56	12♒21 46	1 N 8	16 0	25 9	19 13 43	14 32
8	Th	3 5 52	18 2 2	17 12	26 10 8	0 S 4	12 51	25 6	3♓11 6	10 59
9	F	3 9 48	19 0 2	17 28	10♓16 38	1 18	8 55	25 2	17 26 37	6 42
10	S	3 13 45	19 58 2	17 44	24 40 50	2 28	4 S 23	24 59	1♈58 52	1 S 58
11	Su	3 17 42	20 56 0	17 59	9♈20 11	3 30	0 N 29	24 56	16 44 6	2 N 57
12	M	3 21 38	21 53 57	18 15	24 9 45	4 18	5 22	24 53	1♉36 9	7 43
13	Tu	3 25 35	22 51 52	18 29	9♉ 2 16	4 49	9 56	24 50	16 26 59	12 0
14	W	3 29 31	23 49 46	18 44	23 49 11	5 0	13 53	24 47	1♊ 7 49	15 31
15	Th	3 33 28	24 47 39	18 58	8♊21 55	4 52	16 54	24 43	15 30 42	18 0
16	F	3 37 24	25 45 30	19 12	22 33 29	4 26	18 49	24 40	29 29 49	19 20
17	S	3 41 21	26 43 19	19 25	6♋19 24	3 44	19 33	24 37	13♋ 2 11	19 30
18	Su	3 45 17	27 41 7	19 39	19 38 11	2 52	19 10	24 34	26 7 40	18 35
19	M	3 49 14	28 38 53	19 52	2♌30 59	1 52	17 47	24 31	8♌48 34	16 46
20	Tu	3 53 11	29♉ 36 38	20 4	15 0 58	0 S 48	15 34	24 27	21 8 48	14 12
21	W	3 57 7	0♊ 34 21	20 16	27 12 43	0 N 16	12 42	24 24	3♍13 22	11 4
22	Th	4 1 4	1 32 2	20 28	9♍11 28	1 19	9 21	24 21	15 7 40	7 32
23	F	4 5 0	2 29 42	20 40	21 2 38	2 18	5 39	24 18	26 57 3	3 N 44
24	S	4 8 57	3 27 20	20 51	2♎51 29	3 10	1 N 46	24 15	8♎46 33	0 S 13
25	Su	4 12 53	4 24 57	21 2	14 42 44	3 54	2 S 12	24 12	20 40 32	4 10
26	M	4 16 50	5 22 32	21 12	26 40 22	4 28	6 7	24 8	2♏42 35	8 0
27	Tu	4 20 46	6 20 6	21 22	8♏47 30	4 51	9 50	24 5	14 55 19	11 34
28	W	4 24 43	7 17 39	21 32	21 6 13	5 1	13 12	24 2	27 20 20	14 42
29	Th	4 28 40	8 15 11	21 41	3♐37 40	4 56	16 2	23 59	9♐58 16	17 12
30	F	4 32 36	9 12 41	21 50	16 22 5	4 37	18 9	23 56	22 49 2	18 53
31	S	4 36 33	10♊ 10 11	21 N 59	29♐19 2	4 N 3	19 S 23	23♌52	5♑52 0	19 S 38

D M	Mercury. Lat. ° ′	Mercury. Dec. ° ′	Mercury. Dec. ° ′	Venus. Lat. ° ′	Venus. Dec. ° ′	Venus. Dec. ° ′	Mars. Lat. ° ′	Mars. Dec. ° ′	Mars. Dec. ° ′	Jupiter. Lat. ° ′	Jupiter. Dec. ° ′
1	1 S 44	9 N 12	10 N 0	4 N 18	27 N 36	27 N 38	2 N 5	13 N 40	13 N 32	1 N 14	12 N 31
3	1 28	10 48	11 36	4 18	27 39	27 40	2 1	13 25	13 17	1 13	12 30
5	1 11	12 25	13 14	4 17	27 41	27 41	1 57	13 9	13 1	1 13	12 29
7	0 53	14 2	14 50	4 16	27 41	27 40	1 53	12 53	12 45	1 13	12 27
9	0 33	15 38	16 25	4 13	27 39	27 37	1 49	12 37	12 28	1 12	12 25
11	0 S 12	17 11	17 56	4 9	27 35	27 33	1 46	12 19	12 11	1 12	12 23
13	0 N 9	18 40	19 23	4 3	27 30	27 27	1 42	12 2	11 53	1 12	12 21
15	0 30	20 3	20 42	3 57	27 23	27 19	1 38	11 43	11 34	1 11	12 18
17	0 50	21 19	21 54	3 49	27 15	27 10	1 35	11 25	11 15	1 11	12 15
19	1 9	22 27	22 57	3 39	27 5	26 59	1 31	11 5	10 56	1 11	12 12
21	1 26	23 25	23 49	3 28	26 53	26 47	1 28	10 46	10 35	1 10	12 9
23	1 41	24 11	24 31	3 15	26 40	26 33	1 25	10 25	10 15	1 10	12 6
25	1 52	24 48	25 2	3 0	26 25	26 17	1 22	10 5	9 54	1 10	12 2
27	2 1	25 14	25 23	2 43	26 8	26 0	1 19	9 43	9 33	1 9	11 58
29	2 7	25 30	25 N 34	2 25	25 50	25 N 40	1 16	9 22	9 N 11	1 9	11 54
31	2 N 10	25 N 37		2 N 4	25 N 30		1 N 13	9 N 0		1 N 9	11 N 49

FIRST QUARTER—May 21, 7*h.* 16*m. p.m.* (0° ♍ 51′)

FULL MOON—May 29, 9*h*. 28*m*. *p.m*. (8° ♐ 38′)

D M	☿ Long.	♀ Long.	♂ Long.	♃ Long.	♄ Long.	♅ Long.	♆ Long.	♇ Long.	☉	☿	♀	♂	♃	♄	♅	♆	♇
	° ′	° ′	° ′	° ′	° ′	° ′	° ′	° ′	Lunar Aspects.								
1	28♈ 9	23♊46	29♌19	0♍17	20♍34	24♏ 5	22♐18	19♎49				□	□	✱	☌	⊻	⊻
2	0♉ 5	24 26	29 34	0 18	20 ℞32	24 ℞ 3	22 ℞17	19 ℞47									∠
3	2 3	25 4	29♌50	0 19	20 30	24 0	22 16	19 46		⚼	☍			□	⊻	☌	✱
S	4 2	25 41	0♍ 7	0 21	20 28	23 58	22 15	19 44	⚼	△		△	△		∠		
5	6 3	26 17	0 24	0 22	20 26	23 55	22 14	19 43	△			⚼	⚼	△			□
6	8 5	26 52	0 41	0 24	20 25	23 53	22 13	19 41						⚼	✱	⊻	
7	10 9	27 26	0 58	0 26	20 23	23 50	22 11	19 40	□	□	⚼					∠	
8	12 15	27 58	1 16	0 28	20 22	23 48	22 10	19 38			△	☍	☍		□	✱	△
9	14 21	28 28	1 35	0 30	20 20	23 45	22 9	19 37		✱							⚼
10	16 29	28 57	1 54	0 33	20 19	23 43	22 8	19 36	✱		□			☍	△	□	
S	18 38	29 25	2 13	0 35	20 18	23 40	22 6	19 34	∠	∠			⚼		⚼		
12	20 48	29♊51	2 33	0 38	20 17	23 38	22 5	19 33	⊻	⊻	✱	⚼	△			△	☍
13	22 59	0♋15	2 53	0 41	20 16	23 35	22 4	19 32			∠	△		⚼		⚼	
14	25 10	0 38	3 14	0 44	20 15	23 33	22 2	19 30	☌	☌	⊻		□	△	☍		
15	27 21	0 59	3 35	0 48	20 14	23 30	22 1	19 29				□					⚼
16	29♉32	1 17	3 56	0 51	20 13	23 28	21 59	19 28	⊻					□		☍	△
17	1♊43	1 34	4 17	0 55	20 13	23 25	21 58	19 26	∠	⊻	☌	✱	✱		⚼		
S	3 53	1 49	4 39	0 59	20 12	23 23	21 57	19 25		∠		∠	∠	✱	△		□
19	6 2	2 2	5 1	1 3	20 12	23 20	21 55	19 24	✱	✱	⊻	⊻	⊻	∠		⚼	
20	8 10	2 13	5 24	1 7	20 12	23 18	21 54	19 23			∠			⊻			✱
21	10 16	2 22	5 47	1 11	20 12	23 15	21 52	19 22	□		✱		●		□	△	
22	12 20	2 29	6 10	1 16	20 D 12	23 13	21 51	19 20		□		●					∠
23	14 23	2 33	6 33	1 20	20 12	23 10	21 49	19 19						●	✱	□	⊻
24	16 24	2 35	6 57	1 25	20 12	23 8	21 48	19 18	△		□	⊻	⊻		∠		
S	18 22	2 ℞35	7 21	1 30	20 12	23 5	21 46	19 17	⚼	△			∠	⊻			☌
26	20 18	2 32	7 46	1 35	20 12	23 3	21 45	19 16			△	∠	✱		⊻	✱	
27	22 11	2 27	8 10	1 40	20 13	23 0	21 43	19 15		⚼		✱		∠		∠	
28	24 2	2 19	8 35	1 46	20 13	22 58	21 42	19 14			⚼			✱	☌	⊻	⊻
29	25 50	2 9	9 1	1 51	20 14	22 56	21 40	19 13	☍			□	□				∠
30	27 35	1 57	9 26	1 57	20 15	22 53	21 38	19 12						□		☌	✱
31	29♊18	1♋42	9♍52	2♍ 2	20♍16	22♏51	21♐37	19♎11		☍	☍		△		⊻		

D M	Saturn. Lat.	Saturn. Dec.	Uranus. Lat.	Uranus. Dec.	Neptune. Lat.	Neptune. Dec.	Pluto. Lat.	Pluto. Dec.
	° ′	° ′	° ′	° ′	° ′	° ′	° ′	° ′
1	2N22	5N54	0N17	18 S 31	1N24	21 S 49	17N41	8N38
3	2 21	5 56	0 17	18 30	1 24	21 49	17 40	8 39
5	2 21	5 57	0 17	18 29	1 24	21 49	17 40	8 39
7	2 21	5 58	0 17	18 27	1 24	21 48	17 39	8 40
9	2 20	5 59	0 17	18 26	1 24	21 48	17 39	8 41
11	2 20	5 59	0 17	18 25	1 24	21 48	17 38	8 41
13	2 19	6 0	0 17	18 24	1 24	21 48	17 38	8 41
15	2 19	6 0	0 17	18 22	1 24	21 48	17 37	8 42
17	2 19	6 0	0 17	18 21	1 25	21 47	17 36	8 42
19	2 18	6 0	0 17	18 20	1 25	21 47	17 35	8 42
21	2 18	6 0	0 17	18 19	1 25	21 47	17 35	8 42
23	2 18	6 0	0 17	18 18	1 25	21 47	17 34	8 42
25	2 17	5 59	0 17	18 16	1 25	21 47	17 33	8 42
27	2 17	5 58	0 17	18 15	1 25	21 46	17 32	8 42
29	2 16	5 58	0 17	18 14	1 25	21 46	17 31	8 42
31	2N16	5N57	0N17	18 S 13	1N25	21 S 46	17N30	8N42

Mutual Aspects.

1. ♀ ∇ ♅.
2. ☿ △ ♂, △ ♃.
5. ☿ **P** ♃, ⚼ ♄. ♂ ☌ ♃.
6. ☉ ± ♆. ☿ **P** ♂, ⚼ ♆.
8. ☿ ∠ ♀.
10. ☉ △ ♄, ∇ ♇. ☿ ± ♆.
11. ☿ ∇ ♇. ♂ **P** ♃.
12. ☉ ∇ ♆. ☿ △ ♄. ♀ ± ♅.
13. ☉ ☌ ☿, **P** ☿, **P** ♅. ☿ ☍ ♅, **P** ♅, ∇ ♆.
14. ☉ ☍ ♅. ☿ ⊥ ♀, ± ♇. ♀ [✱ ♃.
15. ☉ ⊥ ♀.
16. ☉ ± ♇.
17. ☿ ⊻ ♀, □ ♃. ♂ ∠ ♇.
18. ☿ □ ♂, **P** ♆, ⚼ ♇.
22. ☉ □ ♃. ♄ **Stat.**
23. ☉ ⊻ ♀. 24. ♀ **Stat.**
25. ☉ ⚼ ♇. ☿ △ ♇.
26. ☿ **Q** ♃, □ ♄.
27. ☿ ∇ ♅, ☍ ♆.
30. ☉ □ ♂, **P** ♆. ☿ **P** ♀, **Q** [♂. ♀ ✱ ♃.
31. ☿ ± ♅.

LAST QUARTER—May 7, 8*h*. 51*m*. *p.m*. (17° ♒ 25′)

New Moon—June 12, 8*h.* 38*m.* *p.m.* (21° ♊ 59′)

D M	D W	Sidereal Time H. M. S.	☉ Long. ° ′ ″	☉ Dec. ° ′	☽ Long. ° ′ ″	☽ Lat. ° ′	☽ Dec. ° ′	☽ Node ° ′	MIDNIGHT ☽ Long. ° ′ ″	MIDNIGHT ☽ Dec. ° ′
1	☉	4 40 29	11♊ 7 39	22N 7	12♑27 49	3N16	19S36	23♌49	19♑ 6 25	19S19
2	M	4 44 26	12 5 7	22 15	25 47 42	2 17	18 44	23 46	2♒31 40	17 54
3	Tu	4 48 22	13 2 34	22 22	9♒18 15	1N10	16 48	23 43	16 7 29	15 27
4	W	4 52 19	14 0 0	22 29	22 59 22	0S 2	13 53	23 40	29 53 56	12 7
5	Th	4 56 16	14 57 25	22 36	6♓51 12	1 15	10 10	23 37	13♓51 10	8 3
6	F	5 0 12	15 54 50	22 42	20 53 48	2 25	5 49	23 33	27 59 0	3S30
7	S	5 4 9	16 52 15	22 48	5♈ 6 37	3 26	1S 7	23 30	12♈16 24	1N17
8	☉	5 8 5	17 49 38	22 53	19 28 1	4 15	3N41	23 27	26 41 1	6 2
9	M	5 12 2	18 47 1	22 58	3♉54 52	4 48	8 18	23 24	11♉ 8 56	10 27
10	Tu	5 15 58	19 44 24	23 3	18 22 30	5 3	12 27	23 21	25 34 49	14 15
11	W	5 19 55	20 41 46	23 7	2♊45 7	4 59	15 50	23 18	9♊52 38	17 10
12	Th	5 23 51	21 39 7	23 11	16 56 38	4 36	18 14	23 14	23 56 28	19 0
13	F	5 27 48	22 36 28	23 14	0♋51 35	3 57	19 29	23 11	7♋41 32	19 41
14	S	5 31 45	23 33 48	23 17	14 26 1	3 5	19 35	23 8	21 4 51	19 13
15	☉	5 35 41	24 31 8	23 20	27 37 59	2 5	18 36	23 5	4♌ 5 32	17 44
16	M	5 39 38	25 28 26	23 22	10♌27 40	0S59	16 40	23 2	16 44 43	15 24
17	Tu	5 43 34	26 25 44	23 24	22 57 5	0N 7	13 59	22 58	29 5 13	12 25
18	W	5 47 31	27 23 1	23 25	5♍ 9 40	1 12	10 44	22 55	11♍11 1	8 58
19	Th	5 51 27	28 20 17	23 26	17 9 54	2 13	7 7	22 52	23 6 55	5 12
20	F	5 55 24	29♊17 33	23 26	29 2 45	3 8	3N15	22 49	4♎58 2	1N16
21	S	5 59 20	0♋14 47	23 26	10♎53 25	3 54	0S44	22 46	16 49 32	2S43
22	☉	6 3 17	1 12 2	23 26	22 46 57	4 30	4 41	22 43	28 46 15	6 37
23	M	6 7 14	2 9 15	23 25	4♏47 58	4 55	8 29	22 39	10♏52 33	10 18
24	Tu	6 11 10	3 6 28	23 24	17 0 24	5 7	12 1	22 36	23 11 53	13 37
25	W	6 15 7	4 3 40	23 23	29 27 16	5 5	15 5	22 33	5♐46 44	16 23
26	Th	6 19 3	5 0 52	23 21	12♐10 26	4 47	17 30	22 30	18 38 22	18 25
27	F	6 23 0	5 58 4	23 18	25 10 31	4 15	19 6	22 27	1♑46 47	19 32
28	S	6 26 56	6 55 15	23 16	8♑27 0	3 29	19 42	22 24	15 10 55	19 35
29	☉	6 30 53	7 52 27	23 12	21 58 16	2 29	19 11	22 20	28 48 46	18 30
30	M	6 34 49	8♋49 38	23N 9	5♒42 5	1N21	17S32	22♌17	12♒37 55	16S19

D M	Mercury Lat. ° ′	Mercury Dec. ° ′	Mercury Dec. ° ′	Venus Lat. ° ′	Venus Dec. ° ′	Venus Dec. ° ′	Mars Lat. ° ′	Mars Dec. ° ′	Mars Dec. ° ′	Jupiter Lat. ° ′	Jupiter Dec. ° ′
1	2N10	25N37	25N35	1N53	25N19	25N 8	1N11	8N48	8N37	1N 9	11N47
3	2 8	25 31	25 25	1 30	24 57	24 44	1 8	8 26	8 14	1 8	11 42
5	2 3	25 18	25 9	1 6	24 32	24 19	1 5	8 3	7 51	1 8	11 37
7	1 55	24 59	24 47	0 39	24 5	23 52	1 2	7 39	7 27	1 8	11 32
9	1 44	24 35	24 21	0N12	23 37	23 23	1 0	7 15	7 3	1 8	11 27
11	1 30	24 6	23 50	0S16	23 8	22 53	0 57	6 51	6 39	1 7	11 21
13	1 13	23 33	23 16	0 44	22 37	22 22	0 54	6 26	6 14	1 7	11 16
15	0 53	22 58	22 40	1 12	22 6	21 51	0 52	6 1	5 49	1 7	11 10
17	0 31	22 21	22 2	1 40	21 35	21 20	0 49	5 36	5 23	1 7	11 4
19	0N 6	21 43	21 24	2 7	21 4	20 49	0 47	5 10	4 58	1 6	10 57
21	0S21	21 5	20 46	2 32	20 35	20 20	0 44	4 44	4 31	1 6	10 51
23	0 50	20 27	20 9	2 56	20 7	19 53	0 42	4 18	4 5	1 6	10 44
25	1 21	19 51	19 33	3 17	19 40	19 28	0 40	3 52	3 38	1 6	10 38
27	1 52	19 17	19N 1	3 37	19 17	19N 6	0 37	3 25	3N11	1 5	10 31
29	2 24	18 45	—	3 54	18 56	—	0 35	2 58	—	1 5	10 24
30	2S40	18N31		4S 2	18N46		0N34	2N44		1N 5	10N20

First Quarter—June 20, 0*h.* 32*m.* *p.m.* (29° ♍ 19′)

FULL MOON—June 28, *9h. 2m. a.m.* (6° ♑ 48 ′)

D M	☿ Long.	♀ Long.	♂ Long.	♃ Long.	♄ Long.	♅ Long.	♆ Long.	♇ Long.
	° ′	° ′	° ′	° ′	° ′	° ′	° ′	° ′
S	0♋57	1♋24	10♍18	2♍ 9	20♍17	22♏49	21♐35	19♎10
2	2 34	1 ℞ 5	10 44	2 15	20 18	22 ℞46	21 ℞34	19 ℞ 9
3	4 8	0 43	11 10	2 21	20 19	22 44	21 32	19 9
4	5 39	0♋19	11 37	2 27	20 20	22 42	21 31	19 8
5	7 7	29♊53	12 4	2 34	20 22	22 39	21 29	19 7
6	8 33	29 25	12 31	2 41	20 23	22 37	21 27	19 6
7	9 55	28 55	12 59	2 48	20 25	22 35	21 26	19 6
S	11 14	28 24	13 26	2 55	20 26	22 33	21 24	19 5
9	12 30	27 51	13 54	3 2	20 28	22 30	21 22	19 4
10	13 43	27 17	14 22	3 9	20 30	22 28	21 21	19 4
11	14 52	26 41	14 50	3 16	20 32	22 26	21 19	19 3
12	15 59	26 5	15 19	3 24	20 34	22 24	21 18	19 3
13	17 2	25 28	15 48	3 31	20 36	22 22	21 16	19 2
14	18 1	24 51	16 17	3 39	20 39	22 20	21 14	19 2
S	18 58	24 13	16 46	3 47	20 41	22 18	21 13	19 1
16	19 50	23 36	17 15	3 55	20 43	22 16	21 11	19 1
17	20 39	22 59	17 45	4 3	20 46	22 14	21 9	19 0
18	21 25	22 22	18 15	4 11	20 49	22 12	21 8	19 0
19	22 6	21 46	18 45	4 19	20 51	22 10	21 6	19 0
20	22 43	21 11	19 15	4 28	20 54	22 9	21 5	18 59
21	23 17	20 37	19 45	4 36	20 57	22 7	21 3	18 59
S	23 46	20 5	20 15	4 45	21 0	22 5	21 1	18 59
23	24 10	19 34	20 46	4 54	21 3	22 3	21 0	18 59
24	24 31	19 4	21 17	5 2	21 6	22 2	20 58	18 58
25	24 47	18 37	21 48	5 11	21 10	22 0	20 57	18 58
26	24 58	18 12	22 19	5 21	21 13	21 58	20 55	18 58
27	25 5	17 48	22 50	5 30	21 17	21 57	20 54	18 58
28	25 ℞ 7	17 27	23 22	5 39	21 20	21 55	20 52	18 58
S	25 5	17 8	23 54	5 48	21 24	21 54	20 51	18 D 58
30	24♋58	16♊52	24♍25	5♍58	21♍27	21♏52	20♐49	18♎58

Lunar Aspects.

D	☉	☿	♀	♂	♃	♄	♅	♆	♇
1				△	⚼		∠		
2	⚼			⚼		△	✱	⚺	□
3	△		⚼			⚼		∠	
4		⚼					□	✱	△
5		△	△	☍	☍				⚼
6	□					☍	△	□	
7		□	□				⚼		
8	✱				⚼			△	☍
9	∠		✱	⚼	△	⚼		⚼	
10	⚺	✱	∠	△		△	☍		
11		∠	⚺		□				⚼
12	☌	⚺		□		□		☍	△
13			☌		✱		⚼		
14		☌		✱	∠	✱			□
15	⚺		⚺	∠	⚺		△		
16	∠		∠			∠		⚼	
17	✱	⚺	✱	⚺		⚺	□	△	✱
18		∠			●				∠
19		✱	□	☌		●	✱	□	⚺
20	□				⚺				
21							∠		
22		□	△	⚺	∠	⚺	⚺	✱	☌
23	△		⚼	∠	✱	∠		∠	
24	⚼			✱		✱	☌	⚺	⚺
25		△			□				∠
26		⚼	☍						
27				□		□	⚺	☌	✱
28	☍				△		∠		
29		☍		△	⚼	△	✱	⚺	□
30			⚼	⚼		⚼		∠	

D M	Saturn Lat.	Saturn Dec.	Uranus Lat.	Uranus Dec.	Neptune Lat.	Neptune Dec.	Pluto Lat.	Pluto Dec.
	° ′	° ′	° ′	° ′	° ′	° ′	° ′	° ′
1	2N16	5N56	0N17	18S12	1N25	21S46	17N30	8N42
3	2 15	5 55	0 17	18 11	1 25	21 46	17 29	8 42
5	2 15	5 53	0 17	18 10	1 25	21 45	17 28	8 42
7	2 15	5 52	0 17	18 9	1 25	21 45	17 27	8 41
9	2 14	5 50	0 17	18 8	1 25	21 45	17 26	8 41
11	2 14	5 48	0 17	18 7	1 25	21 45	17 25	8 40
13	2 14	5 46	0 17	18 6	1 25	21 45	17 24	8 40
15	2 13	5 44	0 16	18 5	1 25	21 45	17 23	8 39
17	2 13	5 42	0 16	18 4	1 25	21 44	17 22	8 38
19	2 12	5 39	0 16	18 3	1 25	21 44	17 21	8 38
21	2 12	5 37	0 16	18 2	1 25	21 44	17 20	8 37
23	2 12	5 34	0 16	18 1	1 24	21 44	17 19	8 36
25	2 11	5 31	0 16	18 0	1 24	21 44	17 18	8 35
27	2 11	5 28	0 16	17 59	1 24	21 43	17 17	8 34
29	2 11	5 25	0 16	17 59	1 24	21 43	17 15	8 33
30	2N10	5N23	0N16	17S58	1N24	21S43	17N15	8N33

Mutual Aspects.

1. ☿ ☌ ♀.
2. ☿ ✶ ♃. ♂ **Q** ♅, **P** ♇.
5. ☿ ⚼ ♅. ♀ **Q** ♂.
6. ☿ **Q** ♄.
7. ♂ ⊥ ♇.
8. ♀ ± ♅.
9. ☉ △ ♇.
11. ☉ **P** ♀, □ ♄. ☿ ✶ ♂.
12. ☉ **Q** ♃, ☍ ♆.
13. ☉ ∇ ♅.
14. ☉ **P** ☿.
15. ☉ ☌ ♀. ☿ ∠ ♃, □ ♇.
16. ♀ **P** ♆.
17. ☿ ✶ ♄. ♂ **P** ♄. ♃ ∠ ♇.
18. ☿ ∇ ♆. ♀ **Q** ♃, ∇ ♅.
19. ☉ ± ♅. ☿ ⚺ ♀, △ ♅, **P** ♆. ♂ ⚺ ♇.
20. ♀ □ ♄, ☍ ♆.
22. ♀ □ ♂. ♄ □ ♆.
23. ♂ □ ♆.
24. ♀ △ ♇. ♂ ☌ ♄.
25. ☿ ⊥ ♀. ♂ ✶ ♅.
26. ☉ ✶ ♃.
27. ☿ **P** ♀.
28. ☉ ⚼ ♅. ☿ **Stat.** ♇ **Stat.**

LAST QUARTER—June 6, *2h. 53m. a.m.* (15° ♓ 33 ′)

NEW MOON—July 12, *6h. 46m. a.m.* (20° ♋ 3′)

D M	D W	Sidereal Time H. M. S.	☉ Long. ° ′ ″	☉ Dec. ° ′	☽ Long. ° ′ ″	☽ Lat. ° ′	☽ Dec. ° ′	☽ Node ° ′	MIDNIGHT ☽ Long. ° ′ ″	MIDNIGHT ☽ Dec. ° ′
1	Tu	6 38 46	9♋46 49	23 N 5	19♒35 55	0 N 6	14 S 50	22♌14	26♒35 48	13 S 9
2	W	6 42 43	10 44 0	23 0	3♓37 16	1 S 9	11 15	22 11	10♓40 4	9 12
3	Th	6 46 39	11 41 12	22 56	17 43 57	2 21	7 1	22 8	24 48 40	4 S 44
4	F	6 50 36	12 38 23	22 50	1♈54 1	3 25	2 S 23	22 4	8♈59 46	0 0
5	S	6 54 32	13 35 35	22 45	16 5 43	4 16	2 N 23	22 1	23 11 35	4 N 44
6	𝔖	6 58 29	14 32 47	22 39	0♉17 9	4 52	7 1	21 58	7♉22 6	9 12
7	M	7 2 25	15 30 0	22 32	14 26 8	5 10	11 14	21 55	21 28 53	13 7
8	Tu	7 6 22	16 27 13	22 26	28 30 1	5 9	14 49	21 52	5♊29 7	16 17
9	W	7 10 18	17 24 27	22 18	12♊25 47	4 49	17 30	21 49	19 19 40	18 28
10	Th	7 14 15	18 21 41	22 11	26 10 21	4 14	19 10	21 45	2♋57 31	19 34
11	F	7 18 12	19 18 55	22 3	9♋40 52	3 24	19 42	21 42	16 20 9	19 32
12	S	7 22 8	20 16 9	21 55	22 55 10	2 24	19 7	21 39	29 25 50	18 27
13	𝔖	7 26 5	21 13 24	21 46	5♌52 6	1 18	17 32	21 36	12♌14 2	16 25
14	M	7 30 1	22 10 39	21 37	18 31 43	0 S 10	15 7	21 33	24 45 22	13 39
15	Tu	7 33 58	23 7 54	21 27	0♍55 15	0 N 58	12 3	21 30	7♍1 42	10 20
16	W	7 37 54	24 5 9	21 18	13 5 5	2 2	8 31	21 26	19 5 52	6 38
17	Th	7 41 51	25 2 24	21 8	25 4 31	3 0	4 42	21 23	1♎1 34	2 N 44
18	F	7 45 47	25 59 40	20 57	6♎57 35	3 49	0 N 45	21 20	12 53 7	1 S 15
19	S	7 49 44	26 56 56	20 46	18 48 47	4 29	3 S 14	21 17	24 45 10	5 11
20	𝔖	7 53 41	27 54 12	20 35	0♏42 52	4 57	7 5	21 14	6♏42 30	8 56
21	M	7 57 37	28 51 28	20 23	12 44 38	5 12	10 42	21 10	18 49 49	12 22
22	Tu	8 1 34	29♋48 45	20 11	24 58 33	5 14	13 56	21 7	1♐11 20	15 21
23	W	8 5 30	0♌46 2	19 59	7♐28 33	5 1	16 36	21 4	13 50 33	17 41
24	Th	8 9 27	1 43 19	19 47	20 17 37	4 33	18 33	21 1	26 49 55	19 11
25	F	8 13 23	2 40 37	19 34	3♑27 32	3 50	19 34	20 58	10♑10 28	19 40
26	S	8 17 20	3 37 55	19 21	16 58 34	2 53	19 30	20 55	23 51 39	19 2
27	𝔖	8 21 16	4 35 14	19 7	0♒49 21	1 45	18 16	20 51	7♒51 16	17 13
28	M	8 25 13	5 32 34	18 53	14 56 55	0 N 29	15 53	20 48	22 5 43	14 19
29	Tu	8 29 10	6 29 55	18 39	29 17 3	0 S 50	12 30	20 45	6♓30 18	10 30
30	W	8 33 6	7 27 16	18 24	13♓44 48	2 7	8 20	20 42	20 59 54	6 3
31	Th	8 37 3	8♌24 38	18 N 10	28♓14 58	3 S 15	3 S 41	20♌39	5♈29 27	1 S 16

D M	Mercury. Lat. ° ′	Mercury. Dec. ° ′	Mercury. Dec. ° ′	Venus. Lat. ° ′	Venus. Dec. ° ′	Venus. Dec. ° ′	Mars. Lat. ° ′	Mars. Dec. ° ′	Mars. Dec. ° ′	Jupiter. Lat. ° ′	Jupiter. Dec. ° ′
1	2 S 55	18 N 18	18 N 6	4 S 10	18 N 38	18 N 30	0 N 33	2 N 30	2 N 17	1 N 5	10 N 16
3	3 25	17 55	17 45	4 23	18 23	18 16	0 31	2 3	1 49	1 5	10 9
5	3 53	17 36	17 29	4 34	18 11	18 6	0 28	1 35	1 21	1 5	10 1
7	4 16	17 23	17 19	4 43	18 1	17 58	0 26	1 7	0 53	1 4	9 54
9	4 35	17 16	17 14	4 50	17 55	17 53	0 24	0 39	0 N 24	1 4	9 46
11	4 48	17 14	17 15	4 55	17 51	17 50	0 22	0 N 10	0 S 4	1 4	9 38
13	4 54	17 18	17 22	4 59	17 50	17 50	0 20	0 S 19	0 33	1 4	9 30
15	4 54	17 27	17 33	5 1	17 50	17 51	0 18	0 47	1 2	1 4	9 22
17	4 48	17 41	17 49	5 2	17 53	17 55	0 16	1 16	1 31	1 4	9 14
19	4 35	17 58	18 8	5 2	17 57	17 59	0 14	1 45	2 0	1 3	9 5
21	4 17	18 19	18 30	5 1	18 2	18 5	0 12	2 15	2 29	1 3	8 57
23	3 55	18 41	18 53	4 59	18 9	18 12	0 10	2 44	2 59	1 3	8 48
25	3 29	19 5	19 16	4 56	18 16	18 20	0 8	3 14	3 28	1 3	8 39
27	3 0	19 28	19 39	4 52	18 24	18 28	0 6	3 43	3 58	1 3	8 30
29	2 30	19 49	19 N 59	4 47	18 32	18 N 36	0 5	4 13	4 S 28	1 3	8 21
31	1 S 59	20 N 7		4 S 42	18 N 40		0 N 3	4 S 43		1 N 3	8 N 12

FIRST QUARTER—July 20, *5h. 51m. a.m.* (27° ♎ 40′)

FULL MOON—July 27, 6*h.* 54*m.* *p.m.* (4° ♒ 52′)

D M	☿ Long.	♀ Long.	♂ Long.	♃ Long.	♄ Long.	♅ Long.	♆ Long.	♇ Long.
	° ′	° ′	° ′	° ′	° ′	° ′	° ′	° ′
1	24 ♋ 46	16 ♊ 38	24 ♍ 57	6 ♍ 7	21 ♍ 31	21 ♏ 51	20 ♐ 47	18 ♎ 58
2	24 ℞ 30	16 ℞ 26	25 29	6 17	21 35	21 ℞ 49	20 ℞ 46	18 58
3	24 10	16 17	26 2	6 27	21 39	21 48	20 44	18 58
4	23 46	16 10	26 34	6 37	21 43	21 47	20 43	18 59
5	23 19	16 6	27 7	6 47	21 47	21 46	20 42	18 59
𝕾	22 49	16 4	27 39	6 57	21 52	21 44	20 40	18 59
7	22 15	16 D 4	28 12	7 7	21 56	21 43	20 39	18 59
8	21 40	16 6	28 45	7 17	22 0	21 42	20 37	19 0
9	21 3	16 11	29 18	7 27	22 5	21 41	20 36	19 0
10	20 25	16 18	29 ♍ 52	7 38	22 9	21 40	20 34	19 0
11	19 46	16 27	0 ♎ 25	7 48	22 14	21 39	20 33	19 1
12	19 8	16 39	0 59	7 59	22 18	21 38	20 32	19 1
𝕾	18 30	16 52	1 32	8 9	22 23	21 37	20 30	19 2
14	17 54	17 7	2 6	8 20	22 28	21 36	20 29	19 2
15	17 21	17 24	2 40	8 31	22 33	21 36	20 28	19 3
16	16 50	17 43	3 14	8 42	22 38	21 35	20 26	19 3
17	16 22	18 4	3 49	8 52	22 43	21 34	20 25	19 4
18	15 59	18 27	4 23	9 3	22 48	21 34	20 24	19 5
19	15 40	18 51	4 58	9 14	22 53	21 33	20 23	19 5
𝕾	15 26	19 17	5 32	9 26	22 58	21 33	20 22	19 6
21	15 16	19 44	6 7	9 37	23 4	21 32	20 20	19 7
22	15 12	20 13	6 42	9 48	23 9	21 32	20 19	19 8
23	15 D 14	20 43	7 17	9 59	23 14	21 31	20 18	19 8
24	15 22	21 15	7 52	10 11	23 20	21 31	20 17	19 9
25	15 35	21 48	8 27	10 22	23 26	21 31	20 16	19 10
26	15 54	22 23	9 3	10 34	23 31	21 30	20 15	19 11
𝕾	16 20	22 58	9 38	10 45	23 37	21 30	20 14	19 12
28	16 51	23 35	10 14	10 57	23 43	21 30	20 13	19 13
29	17 29	24 13	10 49	11 9	23 48	21 30	20 12	19 14
30	18 13	24 53	11 25	11 20	23 54	21 D 30	20 11	19 15
31	19 ♋ 2	25 ♊ 33	12 ♎ 1	11 ♍ 32	24 ♍ 0	21 ♏ 30	20 ♐ 10	19 ♎ 16

Lunar Aspects.

D M	☉	☿	♀	♂	♃	♄	♅	♆	♇
1	⚼		△				□	✱	△
2		⚼			☍				⚼
3	△	△	□			☍	△	□	
4				☍			⚼		
5	□	□	✱		⚼			△	☍
𝕾			∠		△	⚼		⚼	
7	✱		⚺	⚼					
8	∠	✱		△		△	☍		⚼
9	⚺	∠	●		□				△
10		⚺		□		□		☍	
11					✱		⚼		
12	☌	☌	⚺		∠	✱	△		□
𝕾			∠	✱	⚺	∠		⚼	
14	⚺	⚺	✱	∠		⚺	□	△	✱
15		∠		⚺					∠
16	∠	✱	□		●				⚺
17	✱					●	✱	□	
18				☌	⚺		∠		
19		□	△		∠	⚺	⚺	✱	☌
𝕾	□		⚼	⚺				∠	
21		△			✱	∠			
22	△	⚼		∠		✱	☌	⚺	⚺
23				✱	□				∠
24	⚼		☍			□	⚺	☌	✱
25				□			∠		
26		☍			△	△	✱	⚺	□
𝕾	☍				⚼			∠	
28			⚼	△		⚼	□	✱	△
29		⚼	△	⚼					⚼
30		△			☍			□	
31	⚼		□			☍	△		

D M	Saturn. Lat.	Saturn. Dec.	Uranus. Lat.	Uranus. Dec.	Neptune. Lat.	Neptune. Dec.	Pluto. Lat.	Pluto. Dec.
	° ′	° ′	° ′	° ′	° ′	° ′	° ′	° ′
1	2 N 10	5 N 21	0 N 16	17 S 58	1 N 24	21 S 43	17 N 14	8 N 32
3	2 10	5 18	0 16	17 57	1 24	21 43	17 13	8 31
5	2 10	5 15	0 16	17 57	1 24	21 43	17 12	8 30
7	2 9	5 11	0 16	17 56	1 24	21 43	17 11	8 28
9	2 9	5 7	0 16	17 56	1 24	21 42	17 10	8 27
11	2 9	5 3	0 16	17 55	1 24	21 42	17 8	8 26
13	2 8	4 59	0 16	17 55	1 24	21 42	17 7	8 24
15	2 8	4 55	0 16	17 54	1 24	21 42	17 6	8 23
17	2 8	4 51	0 16	17 54	1 24	21 42	17 5	8 21
19	2 8	4 47	0 16	17 54	1 24	21 42	17 4	8 20
21	2 7	4 42	0 16	17 53	1 24	21 42	17 3	8 19
23	2 7	4 38	0 16	17 53	1 24	21 42	17 2	8 17
25	2 7	4 33	0 16	17 53	1 24	21 42	17 1	8 15
27	2 6	4 28	0 16	17 53	1 23	21 42	17 0	8 13
29	2 6	4 24	0 16	17 53	1 23	21 41	16 59	8 12
31	2 N 6	4 N 19	0 N 16	17 S 53	1 N 23	21 S 41	16 N 57	8 N 10

Mutual Aspects.

1. ☉ **Q** ♄. ☿ ✱ ♂.
3. ☿ **P** ♅. 5. ♄ ✱ ♅.
6. ♀ **Stat.**
7. ☿ ⊥ ♀, ∠ ♃, ✱ ♄.
8. ☉ ⚺ ♀. ☿ △ ♅.
9. ☉ **Q** ♂. ♀ **P** ♅.
10. ☿ ▽ ♆.
11. ☉ ☌ ☿, □ ♇.
12. ☉ ▽ ♆. ☿ **Q** ♂, □ ♇.
13. ☉ △ ♅, **P** ♆.
14. ☉ ✱ ♄.
15. ☉ ⊥ ♀, ∠ ♃. ☿ ⚺ ♀.
18. ☉ ± ♆. ♀ **P** ♅.
19. ☿ **P** ♀, **P** ♅.
20. ♀ △ ♇. 21. ♃ **Q** ♅.
22. ☿ **Stat.** ♀ ☍ ♆. ♂ ∠ ♅.
24. ♀ ▽ ♅. 25. ♂ **Q** ♆.
26. ☉ **P** ☿. 27. ☉ ⊥ ♃.
28. ☉ ⚼ ♆. ♀ □ ♄.
29. ☉ **P** ♀.
30. ☉ **Q** ♇. ♂ ⚺ ♃, **P** ♄. ♅ [**Stat.**
31. ☿ □ ♇.

LAST QUARTER—July 5, 7*h.* 27*m.* *a.m.* (13° ♈ 24′)

New Moon—August 10, 7*h.* 9*m.* *p.m.* (18° ♌ 16′)

D M	D W	Sidereal Time H. M. S.	☉ Long. ° ′ ″	☉ Dec. ° ′	☽ Long. ° ′ ″	☽ Lat. ° ′	☽ Dec. ° ′	☽ Node ° ′	MIDNIGHT ☽ Long. ° ′ ″	MIDNIGHT ☽ Dec. ° ′
1	F	8 40 59	9♌22 2	17N55	12♈42 48	4S12	1N10	20♌35	19♈54 32	3N34
2	S	8 44 56	10 19 26	17 39	27 4 15	4 51	5 54	20 32	4♉11 35	8 8
3	𝔖	8 48 52	11 16 52	17 24	11♉16 15	5 13	10 15	20 29	18 18 0	12 12
4	M	8 52 49	12 14 19	17 8	25 16 39	5 16	13 58	20 26	2♊12 4	15 32
5	Tu	8 56 45	13 11 48	16 51	9♊4 8	5 0	16 52	20 23	15 52 45	17 57
6	W	9 0 42	14 9 18	16 35	22 37 53	4 28	18 47	20 20	29 19 31	19 20
7	Th	9 4 39	15 6 49	16 18	5♋57 35	3 42	19 37	20 16	12♋32 8	19 38
8	F	9 8 35	16 4 21	16 1	19 3 9	2 44	19 22	20 13	25 30 40	18 52
9	S	9 12 32	17 1 54	15 44	1♌54 44	1 40	18 7	20 10	8♌15 25	17 9
10	𝔖	9 16 28	17 59 29	15 26	14 32 47	0S31	15 58	20 7	20 46 57	14 37
11	M	9 20 25	18 57 5	15 9	26 58 3	0N38	13 7	20 4	3♍6 16	11 28
12	Tu	9 24 21	19 54 41	14 51	9♍11 46	1 44	9 43	20 1	15 14 49	7 53
13	W	9 28 18	20 52 19	14 32	21 15 40	2 44	5 59	19 57	27 14 38	4 1
14	Th	9 32 14	21 49 58	14 14	3♎12 2	3 37	2N 2	19 54	9♎8 17	0N 3
15	F	9 36 11	22 47 38	13 55	15 3 47	4 20	1S57	19 51	20 58 59	3S55
16	S	9 40 8	23 45 20	13 36	26 54 21	4 51	5 50	19 48	2♏50 24	7 43
17	𝔖	9 44 4	24 43 2	13 17	8♏47 41	5 11	9 31	19 45	14 46 43	11 14
18	M	9 48 1	25 40 45	12 58	20 48 5	5 17	12 51	19 41	26 52 20	14 21
19	Tu	9 51 57	26 38 30	12 38	3♐0 2	5 9	15 42	19 38	9♐11 45	16 53
20	W	9 55 54	27 36 15	12 18	15 27 58	4 47	17 54	19 35	21 49 13	18 42
21	Th	9 59 50	28 34 2	11 58	28 15 54	4 10	19 16	19 32	4♑48 23	19 35
22	F	10 3 47	29♌31 50	11 38	11♑26 58	3 19	19 39	19 29	18 11 49	19 25
23	S	10 7 43	0♍29 39	11 18	25 3 1	2 15	18 54	19 26	2♒0 28	18 6
24	𝔖	10 11 40	1 27 29	10 57	9♒3 59	1N 1	17 0	19 22	16 13 11	15 37
25	M	10 15 37	2 25 21	10 37	23 27 35	0S18	13 59	19 19	0♓46 30	12 6
26	Tu	10 19 33	3 23 14	10 16	8♓9 9	1 38	10 1	19 16	15 34 39	7 46
27	W	10 23 30	4 21 9	9 55	23 2 0	2 52	5 23	19 13	0♈30 10	2S56
28	Th	10 27 26	5 19 5	9 34	7♈58 9	3 54	0S26	19 10	15 24 55	2N 5
29	F	10 31 23	6 17 3	9 12	22 49 32	4 41	4N32	19 7	0♉11 9	6 54
30	S	10 35 19	7 15 3	8 51	7♉29 4	5 8	9 9	19 3	14 42 40	11 15
31	𝔖	10 39 16	8♍13 5	8N29	21♉51 31	5S16	13N 9	19♌0	28♉55 19	14N51

D M	Mercury Lat. ° ′	Mercury Dec. ° ′	Mercury Dec. ° ′	Venus Lat. ° ′	Venus Dec. ° ′	Venus Dec. ° ′	Mars Lat. ° ′	Mars Dec. ° ′	Mars Dec. ° ′	Jupiter Lat. ° ′	Jupiter Dec. ° ′
1	1S44	20N15	20N21	4S39	18N45	18N49	0N 2	4S57	5S12	1N 3	8N 8
3	1 13	20 26	20 29	4 33	18 53	18 57	0 0	5 27	5 42	1 3	7 59
5	0 43	20 30	20 29	4 26	19 1	19 4	0S 2	5 57	6 12	1 2	7 49
7	0S15	20 26	20 21	4 18	19 8	19 11	0 3	6 27	6 42	1 2	7 40
9	0N11	20 13	20 2	4 11	19 15	19 18	0 5	6 57	7 12	1 2	7 30
11	0 35	19 49	19 34	4 3	19 20	19 23	0 7	7 27	7 41	1 2	7 21
13	0 55	19 15	18 54	3 54	19 25	19 27	0 8	7 56	8 11	1 2	7 11
15	1 12	18 30	18 4	3 45	19 29	19 30	0 10	8 26	8 41	1 2	7 2
17	1 26	17 35	17 4	3 36	19 31	19 32	0 11	8 56	9 11	1 2	6 52
19	1 36	16 31	15 56	3 27	19 33	19 33	0 13	9 25	9 40	1 2	6 42
21	1 42	15 19	14 41	3 18	19 32	19 32	0 15	9 55	10 9	1 2	6 32
23	1 45	14 1	13 19	3 8	19 31	19 29	0 16	10 24	10 39	1 2	6 23
25	1 46	12 37	11 54	2 58	19 27	19 25	0 18	10 53	11 8	1 2	6 13
27	1 44	11 9	10 24	2 49	19 22	19 19	0 19	11 22	11 37	1 2	6 3
29	1 39	9 39	8N53	2 39	19 15	19N11	0 20	11 51	12S 6	1 2	5 53
31	1N32	8N 6		2S29	19N 7		0S22	12S20		1N 2	5N43

First Quarter—August 18, 10*h.* 28*m.* *p.m.* (26° ♏ 6′)

FULL MOON—August 26, *3h. 42m. a.m.* (3° ♓ 3′)

D M	☿ Long.	♀ Long.	♂ Long.	♃ Long.	♄ Long.	♅ Long.	♆ Long.	♇ Long.	Lunar Aspects. ⊙	☿	♀	♂	♃	♄	♅	♆	♇
	° ′	° ′	° ′	° ′	° ′	° ′	° ′	° ′									
1	19♋58	26♊14	12♎37	11♍44	24♍ 6	21♏30	20♐ 9	19♎17	△			☍			⚼		☍
2	20 59	26 57	13 13	11 56	24 12	21 30	20 ℞ 8	19 18		□	✱		⚼			△	
𝔖	22 6	27 40	13 50	12 8	24 18	21 30	20 7	19 19	□		∠		△	⚼		⚼	
4	23 18	28 24	14 26	12 20	24 24	21 31	20 6	19 21		✱	⊻	⚼		△	☍		
5	24 35	29 9	15 3	12 32	24 30	21 31	20 5	19 22	✱	∠		△	□				⚼
6	25 58	29♊55	15 39	12 44	24 37	21 31	20 4	19 23		⊻				□		☍	△
7	27 26	0♋42	16 16	12 56	24 43	21 32	20 4	19 24	∠		●				⚼		
8	28♋58	1 30	16 53	13 8	24 49	21 32	20 3	19 25	⊻			□	✱	✱	△		□
9	0♌35	2 18	17 30	13 20	24 56	21 33	20 2	19 27		☌	⊻		∠			⚼	
𝔖	2 15	3 7	18 7	13 33	25 2	21 33	20 2	19 28	●		∠	✱	⊻	∠		△	✱
11	4 0	3 57	18 44	13 45	25 9	21 34	20 1	19 30						⊻	□		
12	5 48	4 48	19 21	13 57	25 15	21 34	20 0	19 31		⊻	✱	∠	●				∠
13	7 38	5 39	19 59	14 10	25 22	21 35	20 0	19 32	⊻	∠		⊻		●	✱	□	⊻
14	9 32	6 31	20 36	14 22	25 28	21 36	19 59	19 34	∠		□				∠		
15	11 27	7 23	21 14	14 35	25 35	21 37	19 59	19 35		✱			⊻			✱	☌
16	13 25	8 16	21 51	14 47	25 42	21 38	19 58	19 37	✱			☌	∠	⊻	⊻		
𝔖	15 23	9 10	22 29	15 0	25 48	21 38	19 58	19 39			△			∠		∠	
18	17 23	10 4	23 7	15 12	25 55	21 39	19 57	19 40	□	□	⚼	⊻	✱	✱	☌	⊻	⊻
19	19 24	10 59	23 45	15 25	26 2	21 40	19 57	19 42				∠					∠
20	21 24	11 54	24 23	15 38	26 9	21 42	19 56	19 43					□		⊻	☌	✱
21	23 25	12 50	25 1	15 50	26 16	21 43	19 56	19 45	△	△		✱		□			
22	25 26	13 46	25 40	16 3	26 23	21 44	19 56	19 47	⚼	⚼	☍		△		∠		
23	27 26	14 43	26 18	16 16	26 29	21 45	19 55	19 48				□	⚼	△	✱	⊻	□
𝔖	29♌26	15 40	26 56	16 28	26 36	21 46	19 55	19 50						⚼		∠	
25	1♍25	16 38	27 35	16 41	26 43	21 48	19 55	19 52				△			□	✱	△
26	3 23	17 36	28 14	16 54	26 50	21 49	19 55	19 54	☍	☍	⚼	⚼					⚼
27	5 21	18 35	28 52	17 7	26 58	21 50	19 55	19 56			△		☍	☍	△	□	
28	7 17	19 34	29♎31	17 20	27 5	21 52	19 55	19 57							⚼		
29	9 12	20 33	0♏10	17 32	27 12	21 53	19 54	19 59	⚼	⚼	□					△	☍
30	11 6	21 33	0 49	17 45	27 19	21 55	19 54	20 1	△	△		☍	⚼	⚼		⚼	
𝔖	12♍59	22♋33	1♏28	17♍58	27♍26	21♏56	19♐54	20♎ 3			✱		△	△	☍		

D M	Saturn. Lat.	Dec.	Uranus. Lat.	Dec.	Neptune. Lat.	Dec.	Pluto. Lat.	Dec.
	° ′	° ′	° ′	° ′	° ′	° ′	° ′	° ′
1	2N 6	4N16	0N16	17S 53	1N23	21S 41	16N57	8N 9
3	2 6	4 11	0 16	17 53	1 23	21 41	16 56	8 7
5	2 6	4 6	0 16	17 54	1 23	21 41	16 55	8 6
7	2 5	4 1	0 15	17 54	1 23	21 41	16 54	8 4
9	2 5	3 56	0 15	17 54	1 23	21 41	16 53	8 2
11	2 5	3 51	0 15	17 54	1 23	21 41	16 52	8 0
13	2 5	3 45	0 15	17 55	1 23	21 41	16 51	7 58
15	2 5	3 40	0 15	17 55	1 23	21 41	16 50	7 56
17	2 5	3 34	0 15	17 56	1 23	21 41	16 49	7 54
19	2 4	3 29	0 15	17 56	1 22	21 41	16 48	7 52
21	2 4	3 23	0 15	17 57	1 22	21 41	16 47	7 50
23	2 4	3 18	0 15	17 58	1 22	21 41	16 47	7 48
25	2 4	3 12	0 15	17 58	1 22	21 42	16 46	7 46
27	2 4	3 6	0 15	17 59	1 22	21 42	16 45	7 44
29	2 4	3 1	0 15	18 0	1 22	21 42	16 44	7 42
31	2N 4	2N55	0N15	18S 1	1N22	21S 42	16N44	7N40

Mutual Aspects.

1. ⊙ ∠ ♄, **P** ♅. ☿ ∇ ♆. ♃ [**P** ♇.
2. ☿ △ ♅.
3. ♀ ± ♅. 4. ⊙ ⊻ ♃.
5. ☿ ✶ ♄.
6. ☿ ± ♆. ♂ ⊥ ♅.
7. ☿ ∠ ♃. ♀ **Q** ♃.
10. ⊙ ✶ ♂. ♃ ⊥ ♇. [**P** ♃.
11. ⊙ ∠ ♀, ⊥ ♄. ☿ ⊻ ♀. ♂
12. ⊙ △ ♆, ✶ ♇. ☿ ⚼ ♆. ♂ [☌ ♇.
13. ☿ **P** ♀, **Q** ♂, ⊥ ♃, **Q** ♇. ♂ ⊥ ♃, ✶ ♆, **P** ♇.
14. ⊙ □ ♅. ♀ ⚼ ♅.
15. ☿ ∠ ♄.
16. ☿ **P** ♅. ♂ ⊻ ♅.
17. ☿ ⊥ ♀, ⊻ ♃.
18. ⊙ ⊻ ♄.
19. ☿ ⊥ ♄, △ ♆, ✶ ♇.
20. ☿ □ ♅.
22. ☿ ✶ ♂, ⊻ ♄.
23. ♀ **Q** ♄. ♂ ⊻ ♄.
25. ⊙ **P** ♂. ☿ ∠ ♀. ♀ ✶ ♃.
26. ⊙ ☌ ☿.
27. ☿ **P** ♂, ∠ ♇. ♆ ✶ ♇.
28. ⊙ ∠ ♇. ♀ ∇ ♆, □ ♇.
29. ☿ **Q** ♅.
30. ⊙ **P** ☿. ♀ △ ♅.
31. ♆ **Stat.**

LAST QUARTER—August 3, *0h. 0m. p.m.* (11°♉ 16′)

NEW MOON—September 9, 10*h*. 0*m*. *a.m.* (16° ♍ 52′)

D M	D W	Sidereal Time H. M. S.	☉ Long. ° ′ ″	☉ Dec. ° ′	☽ Long. ° ′ ″	☽ Lat. ° ′	☽ Dec. ° ′	☽ Node ° ′	MIDNIGHT ☽ Long. ° ′ ″	MIDNIGHT ☽ Dec. ° ′
1	M	10 43 12	9♍11 9	8N 8	5♊53 54	5S 4	16N18	18♌57	12♊47 11	17N31
2	Tu	10 47 9	10 9 15	7 46	19 35 14	4 35	18 28	18 54	26 18 12	19 9
3	W	10 51 5	11 7 23	7 24	2♋56 15	3 52	19 33	18 51	9♋29 38	19 41
4	Th	10 55 2	12 5 32	7 2	15 58 39	2 57	19 33	18 47	22 23 35	19 10
5	F	10 58 59	13 3 44	6 39	28 44 45	1 55	18 32	18 44	5♌ 2 25	17 40
6	S	11 2 55	14 1 58	6 17	11♌16 55	0S49	16 37	18 41	17 28 30	15 22
7	𝔖	11 6 52	15 0 13	5 55	23 37 26	0N19	13 57	18 38	29 43 59	12 23
8	M	11 10 48	15 58 31	5 32	5♍48 21	1 25	10 42	18 35	11♍50 48	8 55
9	Tu	11 14 45	16 56 50	5 9	17 51 31	2 26	7 2	18 32	23 50 43	5 7
10	W	11 18 41	17 55 11	4 47	29 48 38	3 20	3N 8	18 28	5♎45 28	1N 9
11	Th	11 22 38	18 53 33	4 24	11♎41 28	4 5	0S52	18 25	17 36 52	2S51
12	F	11 26 34	19 51 58	4 1	23 31 59	4 40	4 48	18 22	29 27 5	6 43
13	S	11 30 31	20 50 24	3 38	5♏22 32	5 2	8 34	18 19	11♏18 41	10 20
14	𝔖	11 34 28	21 48 52	3 15	17 15 55	5 12	12 0	18 16	23 14 42	13 34
15	M	11 38 24	22 47 21	2 52	29 15 30	5 8	14 59	18 13	5♐18 47	16 16
16	Tu	11 42 21	23 45 53	2 29	11♐25 5	4 50	17 22	18 9	17 34 56	18 17
17	W	11 46 17	24 44 26	2 5	23 48 54	4 18	19 0	18 6	0♑ 7 31	19 29
18	Th	11 50 14	25 43 0	1 42	6♑31 18	3 33	19 44	18 3	13 0 47	19 43
19	F	11 54 10	26 41 36	1 19	19 36 25	2 36	19 26	18 0	26 18 34	18 52
20	S	11 58 7	27 40 14	0 56	3♒ 7 31	1 29	18 1	17 57	10♒ 3 29	16 53
21	𝔖	12 2 3	28 38 54	0 32	17 6 27	0N14	15 29	17 53	24 16 17	13 49
22	M	12 6 0	29♍37 35	0N 9	1♓32 40	1S 4	11 55	17 50	8♓55 4	9 49
23	Tu	12 9 57	0♎36 18	0S15	16 22 44	2 20	7 31	17 47	23 54 45	5S 5
24	W	12 13 53	1 35 3	0 38	1♈30 0	3 27	2S34	17 44	9♈ 7 14	0 0
25	Th	12 17 50	2 33 50	1 1	16 45 8	4 20	2N35	17 41	24 22 20	5N 7
26	F	12 21 46	3 32 39	1 25	1♉57 30	4 55	7 33	17 38	9♉29 25	9 51
27	S	12 25 43	4 31 30	1 48	16 56 57	5 8	11 58	17 34	24 19 13	13 53
28	𝔖	12 29 39	5 30 23	2 11	1♊35 28	5 1	15 34	17 31	8♊45 13	16 59
29	M	12 33 36	6 29 19	2 35	15 48 10	4 36	18 7	17 28	22 44 12	18 58
30	Tu	12 37 32	7♎28 17	2S58	29♊33 23	3S55	19N31	17♌25	6♋15 57	19N48

D M	Mercury. Lat. ° ′	Mercury. Dec. ° ′	Mercury. Dec. ° ′	Venus. Lat. ° ′	Venus. Dec. ° ′	Venus. Dec. ° ′	Mars. Lat. ° ′	Mars. Dec. ° ′	Mars. Dec. ° ′	Jupiter. Lat. ° ′	Jupiter. Dec. ° ′
1	1N28	7N20	6N33	2S23	19N 2	18N56	0S23	12S34	12S48	1N 2	5N38
3	1 19	5 46	4 59	2 13	18 50	18 44	0 24	13 2	13 17	1 2	5 27
5	1 9	4 12	3 25	2 3	18 37	18 30	0 26	13 31	13 44	1 2	5 17
7	0 57	2 38	1 51	1 53	18 22	18 13	0 27	13 58	14 12	1 2	5 7
9	0 45	1N 5	0N18	1 43	18 5	17 55	0 28	14 26	14 39	1 2	4 57
11	0 32	0S28	1S13	1 33	17 45	17 35	0 30	14 53	15 7	1 2	4 47
13	0 18	1 58	2 43	1 23	17 24	17 13	0 31	15 20	15 33	1 2	4 37
15	0N 3	3 27	4 11	1 13	17 1	16 49	0 32	15 46	16 0	1 2	4 27
17	0S12	4 55	5 38	1 4	16 36	16 23	0 34	16 13	16 25	1 2	4 16
19	0 27	6 20	7 2	0 54	16 10	15 56	0 35	16 38	16 51	1 3	4 6
21	0 42	7 43	8 24	0 44	15 41	15 26	0 36	17 4	17 16	1 3	3 56
23	0 57	9 4	9 43	0 35	15 10	14 54	0 37	17 28	17 41	1 3	3 46
25	1 12	10 21	10 59	0 26	14 38	14 21	0 38	17 53	18 5	1 3	3 36
27	1 27	11 36	12S13	0 17	14 4	13N46	0 40	18 17	18S29	1 3	3 26
29	1 42	12 48	—	0 9	13 28	—	0 41	18 40	—	1 3	3 16
30	1S49	13S23		0S 4	13N 9		0S41	18S52		1N 3	3N11

FIRST QUARTER—September 17, 1*h*. 54*m*. *p.m.* (24° ♐ 49′)

D M	☿ Long. ° ′	♀ Long. ° ′	♂ Long. ° ′	♃ Long. ° ′	♄ Long. ° ′	♅ Long. ° ′	♆ Long. ° ′	♇ Long. ° ′
1	14♍51	23♋34	2♏ 7	18♍11	27♍33	21♏58	19♐54	20♎ 5
2	16 41	24 35	2 47	18 24	27 40	22 0	19D54	20 7
3	18 31	25 36	3 26	18 37	27 48	22 2	19 54	20 9
4	20 19	26 38	4 6	18 50	27 55	22 3	19 55	20 11
5	22 5	27 40	4 45	19 3	28 2	22 5	19 55	20 13
6	23 51	28 42	5 25	19 16	28 9	22 7	19 55	20 15
S	25 36	29♋44	6 4	19 29	28 17	22 9	19 55	20 17
8	27 19	0♌47	6 44	19 42	28 24	22 11	19 55	20 19
9	29♍ 1	1 51	7 24	19 55	28 31	22 13	19 56	20 21
10	0♎42	2 54	8 4	20 8	28 39	22 15	19 56	20 23
11	2 22	3 58	8 44	20 21	28 46	22 17	19 56	20 25
12	4 1	5 2	9 25	20 34	28 54	22 19	19 57	20 27
13	5 38	6 6	10 5	20 47	29 1	22 21	19 57	20 29
S	7 15	7 11	10 45	21 0	29 8	22 24	19 57	20 31
15	8 50	8 15	11 26	21 13	29 16	22 26	19 58	20 33
16	10 25	9 20	12 6	21 26	29 23	22 28	19 58	20 36
17	11 58	10 26	12 47	21 38	29 31	22 31	19 59	20 38
18	13 30	11 31	13 28	21 51	29 38	22 33	19 59	20 40
19	15 2	12 37	14 9	22 4	29 46	22 35	20 0	20 42
20	16 32	13 43	14 49	22 17	29♍53	22 38	20 1	20 45
S	18 1	14 49	15 30	22 30	0♎ 0	22 40	20 1	20 47
22	19 29	15 55	16 12	22 43	0 8	22 43	20 2	20 49
23	20 56	17 2	16 53	22 56	0 15	22 46	20 3	20 51
24	22 22	18 9	17 34	23 9	0 23	22 48	20 3	20 54
25	23 47	19 16	18 15	23 22	0 30	22 51	20 4	20 56
26	25 11	20 23	18 57	23 35	0 38	22 54	20 5	20 58
27	26 34	21 31	19 38	23 48	0 45	22 56	20 6	21 1
S	27 56	22 38	20 20	24 1	0 52	22 59	20 7	21 3
29	29♎16	23 46	21 1	24 14	1 0	23 2	20 8	21 5
30	0♏35	24♌54	21♏43	24♍26	1♎ 7	23♏ 5	20♐ 9	21♎ 8

Lunar Aspects.

D	☉	☿	♀	♂	♃	♄	♅	♆	♇
1	□		∠						⚼
2		□	⊻	⚼	□			☍	△
3				△		□	⚼		
4	✱	✱			✱		△		□
5	∠		●		∠	✱		⚼	
6	⊻	∠		□		∠			
S		⊻			⊻	⊻	□	△	✱
8			⊻	✱					∠
9	☌		∠	∠	☌		✱	□	⊻
10		☌	✱			☌			
11				⊻			∠		
12	⊻				⊻	⊻	⊻	✱	☌
13	∠	⊻	□	☌	∠			∠	
S	✱	∠			✱	∠	☌	⊻	⊻
15						✱			
16		✱	△	⊻					∠
17	□		⚼	∠	□	□	⊻	☌	✱
18							∠		
19		□		✱	△		✱	⊻	□
20	△				⚼	△		∠	
S	⚼	△	☍	□		⚼	□	✱	△
22		⚼							⚼
23				△	☍		△	□	
24	☍		⚼	⚼		☍	⚼		
25			△					△	☍
26		☍			⚼			⚼	
27	⚼		□	☍	△	⚼	☍		
S	△					△			⚼
29		⚼						☍	△
30		△	✱		□	□			

D M	Saturn. Lat. ° ′	Saturn. Dec. ° ′	Uranus. Lat. ° ′	Uranus. Dec. ° ′	Neptune. Lat. ° ′	Neptune. Dec. ° ′	Pluto. Lat. ° ′	Pluto. Dec. ° ′
1	2N 4	2N52	0N15	18S 1	1N22	21S42	16N43	7N39
3	2 4	2 46	0 15	18 2	1 22	21 42	16 42	7 37
5	2 4	2 40	0 15	18 3	1 22	21 42	16 42	7 35
7	2 4	2 35	0 15	18 4	1 21	21 42	16 41	7 33
9	2 4	2 29	0 15	18 5	1 21	21 42	16 41	7 31
11	2 4	2 23	0 15	18 6	1 21	21 43	16 40	7 29
13	2 4	2 17	0 15	18 7	1 21	21 43	16 39	7 27
15	2 4	2 11	0 15	18 9	1 21	21 43	16 39	7 25
17	2 4	2 5	0 15	18 10	1 21	21 43	16 38	7 23
19	2 4	1 59	0 15	18 11	1 21	21 43	16 38	7 21
21	2 4	1 54	0 15	18 12	1 21	21 43	16 38	7 19
23	2 4	1 48	0 14	18 14	1 21	21 44	16 37	7 17
25	2 4	1 42	0 14	18 15	1 20	21 44	16 37	7 15
27	2 4	1 36	0 14	18 17	1 20	21 44	16 37	7 13
29	2 4	1 30	0 14	18 18	1 20	21 44	16 36	7 11
30	2N 4	1N27	0N14	18S19	1N20	21S44	16N36	7N10

Mutual Aspects.

1. ☿ ⊥ ♇, **P** ♇.
2. ☉ **Q** ♅, **P** ♇. [♆. ♂ ∠ ♃.
3. ☿ ∠ ♂, ☌ ♃, **P** ♃. ♀ ±
4. ☿ □ ♆, ⊻ ♇. ♂ ⊥ ♄.
5. ☿ ✱ ♅. ♀ ✱ ♄. ♂ ∠ ♆.
6. ☉ ⊥ ♇. 7. ☿ **P** ♄.
9. ☿ ☌ ♄. ♀ **P** ♅. ♃ □ ♆.
10. ☉ ∠ ♀, **P** ♃.
11. ☿ ⊥ ♂. ♃ ⊻ ♇.
12. ☉ □ ♆. ♀ ⚼ ♆. [∠ ♃.
13. ☉ ☌ ♃, ⊻ ♇. ☿ **P** ♄. ♀
14. ☉ **P** ☿. ☿ ✱ ♀, ∠ ♅, **Q** ♆.
15. ☉ ✱ ♅. ♀ **Q** ♇.
16. ☿ **P** ♃. 17. ☉ **P** ♄.
18. ☿ ⊻ ♂. ♀ **P** ♂.
19. ♂ ⊥ ♆.
20. ☿ ⊥ ♅, **P** ♇. ♂ ∠ ♄.
21. ♀ ∠ ♄.
22. ☿ ✱ ♆. ♃ ✱ ♅.
23. ☉ ☌ ♄. ☿ ☌ ♇. ♀ □ ♂.
24. ☿ ⊻ ♅. [⊥ ♃.
25. ☿ ⊻ ♃. 26. ♀ △ ♆.
27. ☉ ∠ ♂, **P** ♄. ♀ ✱ ♇. ♂
28. ♀ □ ♅. ♂ ⊻ ♆. [**P** ♅.
29. ♀ ⊻ ♃. ♂ ⊻ ♇.
30. ☉ **P** ♃. ☿ **P** ♀, ⊥ ♃, ⊻ ♄. ♀ ⊥ ♄.

New Moon—October 9, 2*h.* 50*m.* *a.m.* (15° ♎ 58′)

D M	D W	Sidereal Time H. M. S.	☉ Long. ° ′ ″	☉ Dec. ° ′	☽ Long. ° ′ ″	☽ Lat. ° ′	☽ Dec. ° ′	☽ Node ° ′	MIDNIGHT ☽ Long. ° ′ ″	MIDNIGHT ☽ Dec. ° ′
1	W	12 41 29	8♎27 18	3 S 21	12♋52 12	3 S 3	19 N47	17♌22	19♋22 32	19 N31
2	Th	12 45 26	9 26 20	3 44	25 47 26	2 2	18 59	17 19	2♌ 7 25	18 13
3	F	12 49 22	10 25 25	4 8	8♌22 58	0 S 57	17 15	17 15	14 34 39	16 4
4	S	12 53 19	11 24 33	4 31	20 42 56	0 N 9	14 44	17 12	26 48 20	13 14
5	Su	12 57 15	12 23 42	4 54	2♍51 17	1 13	11 36	17 9	8♍52 13	9 51
6	M	13 1 12	13 22 53	5 17	14 51 29	2 14	8 1	17 6	20 49 28	6 7
7	Tu	13 5 8	14 22 7	5 40	26 46 27	3 8	4 9	17 3	2♎42 41	2 N 9
8	W	13 9 5	15 21 23	6 3	8♎38 27	3 53	0 N 9	16 59	14 33 55	1 S 52
9	Th	13 13 1	16 20 41	6 26	20 29 19	4 28	3 S 52	16 56	26 24 50	5 49
10	F	13 16 58	17 20 1	6 48	2♏20 38	4 52	7 43	16 53	8♏16 55	9 33
11	S	13 20 54	18 19 23	7 11	14 13 54	5 3	11 17	16 50	20 11 47	12 55
12	Su	13 24 51	19 18 47	7 34	26 10 49	5 0	14 26	16 47	2♐11 17	15 48
13	M	13 28 48	20 18 13	7 56	8♐13 31	4 45	17 0	16 44	14 17 51	18 1
14	Tu	13 32 44	21 17 41	8 18	20 24 41	4 16	18 50	16 40	26 34 27	19 27
15	W	13 36 41	22 17 11	8 41	2♑47 36	3 35	19 50	16 37	9♑ 4 39	19 58
16	Th	13 40 37	23 16 42	9 3	15 26 6	2 43	19 51	16 34	21 52 27	19 29
17	F	13 44 34	24 16 15	9 25	28 24 14	1 41	18 50	16 31	5♒ 1 55	17 56
18	S	13 48 30	25 15 50	9 47	11♒45 55	0 N31	16 45	16 28	18 36 37	15 20
19	Su	13 52 27	26 15 26	10 8	25 34 13	0 S 42	13 39	16 24	2♓38 51	11 45
20	M	13 56 23	27 15 4	10 30	9♓50 27	1 55	9 39	16 21	17 8 43	7 22
21	Tu	14 0 20	28 14 44	10 51	24 33 12	3 2	4 S 57	16 18	2♈ 3 10	2 S 26
22	W	14 4 17	29♎14 26	11 12	9♈37 40	3 59	0 N 9	16 15	17 15 33	2 N45
23	Th	14 8 13	0♏14 10	11 33	24 55 30	4 39	5 19	16 12	2♉36 3	7 48
24	F	14 12 10	1 13 55	11 54	10♉15 45	4 59	10 10	16 9	17 53 6	12 20
25	S	14 16 6	2 13 43	12 15	25 26 44	4 58	14 18	16 5	2♊55 26	16 0
26	Su	14 20 3	3 13 32	12 35	10♊18 12	4 37	17 26	16 2	17 34 13	18 34
27	M	14 23 59	4 13 24	12 56	24 42 58	3 58	19 22	15 59	1♋44 9	19 52
28	Tu	14 27 56	5 13 18	13 16	8♋37 40	3 6	20 4	15 56	15 23 38	19 57
29	W	14 31 52	6 13 15	13 36	22 2 20	2 6	19 34	15 53	28 34 11	18 55
30	Th	14 35 49	7 13 13	13 55	4♌59 40	1 S 1	18 2	15 50	11♌19 24	16 56
31	F	14 39 46	8♏13 14	14 S 15	17♌33 58	0 N 5	15 N39	15♌46	23♌44 1	14 N12

D M	Mercury Lat. ° ′	Mercury Dec. ° ′	Mercury Dec. ° ′	Venus Lat. ° ′	Venus Dec. ° ′	Venus Dec. ° ′	Mars Lat. ° ′	Mars Dec. ° ′	Mars Dec. ° ′	Jupiter Lat. ° ′	Jupiter Dec. ° ′
1	1 S 56	13 S 57	14 S 30	0 0	12 N50	12 N31	0 S 42	19 S 3	19 S 14	1 N 3	3 N 5
3	2 10	15 2	15 33	0 N 8	12 11	11 51	0 43	19 25	19 36	1 3	2 55
5	2 23	16 3	16 32	0 16	11 30	11 10	0 44	19 47	19 58	1 3	2 46
7	2 35	16 59	17 26	0 24	10 48	10 27	0 45	20 8	20 18	1 4	2 36
9	2 46	17 51	18 15	0 31	10 5	9 42	0 46	20 28	20 38	1 4	2 26
11	2 55	18 38	18 59	0 38	9 20	8 57	0 47	20 48	20 58	1 4	2 16
13	3 3	19 18	19 36	0 45	8 33	8 10	0 48	21 7	21 17	1 4	2 6
15	3 9	19 52	20 6	0 52	7 46	7 22	0 49	21 26	21 34	1 4	1 56
17	3 12	20 18	20 28	0 58	6 58	6 33	0 50	21 43	21 52	1 5	1 47
19	3 12	20 35	20 40	1 4	6 8	5 43	0 51	22 0	22 8	1 5	1 37
21	3 7	20 42	20 40	1 9	5 18	4 52	0 52	22 16	22 24	1 5	1 28
23	2 59	20 36	20 27	1 15	4 26	4 0	0 53	22 31	22 39	1 5	1 18
25	2 45	20 15	19 59	1 19	3 34	3 8	0 54	22 46	22 53	1 5	1 9
27	2 24	19 39	19 14	1 24	2 41	2 15	0 55	22 59	23 6	1 6	1 0
29	1 56	18 45	18 S 12	1 28	1 48	1 N21	0 55	23 12	23 S 18	1 6	0 51
31	1 S 22	17 S 35		1 N32	0 N54		0 S 56	23 S 24		1 N 6	0 N42

First Quarter—October 17, 3*h.* 47*m.* *a.m.* (23° ♑ 56′)

FULL MOON—October 23, 8*h.* 52*m.* *p.m.* (0° ♉ 36′)

D M	☿ Long.	♀ Long.	♂ Long.	♃ Long.	♄ Long.	♅ Long.	♆ Long.	♇ Long.	⊙	☿	♀	♂	♃	♄	♅	♆	♇
	° ′	° ′	° ′	° ′	° ′	° ′	° ′	° ′									
1	1♏53	26♌ 2	22♏25	24♍39	1♎15	23♏ 8	20♐10	21♎10	□		∠	⚼			⚼		
2	3 10	27 11	23 7	24 52	1 22	23 11	20 11	21 12			⊻	△	✱	✱	△		□
3	4 25	28 19	23 49	25 5	1 30	23 14	20 12	21 15	✱	□			∠			⚼	
4	5 38	29♌28	24 31	25 18	1 37	23 17	20 13	21 17				□	⊻	∠	□	△	✱
𝔖	6 50	0♍37	25 13	25 30	1 44	23 20	20 14	21 19	∠	✱	☌			⊻			∠
6	8 0	1 46	25 55	25 43	1 52	23 23	20 15	21 22	⊻							□	
7	9 9	2 55	26 37	25 56	1 59	23 26	20 16	21 24		∠		✱	☌	☌	✱		⊻
8	10 15	4 5	27 20	26 8	2 6	23 29	20 17	21 26		⊻	⊻	∠			∠		
9	11 20	5 14	28 2	26 21	2 14	23 32	20 18	21 29	☌		∠				⊻	✱	☌
10	12 22	6 24	28 45	26 34	2 21	23 35	20 19	21 31			✱	⊻	⊻	⊻		∠	
11	13 21	7 34	29♏27	26 46	2 28	23 38	20 21	21 34	⊻	☌			∠	∠			
𝔖	14 18	8 44	0♐10	26 59	2 36	23 42	20 22	21 36				☌	✱		☌	⊻	⊻
13	15 11	9 54	0 53	27 11	2 43	23 45	20 23	21 38	∠		□			✱			∠
14	16 1	11 4	1 35	27 23	2 50	23 48	20 25	21 41	✱	⊻					⊻	☌	✱
15	16 48	12 14	2 18	27 36	2 57	23 51	20 26	21 43		∠		⊻	□	□	∠		
16	17 30	13 25	3 1	27 48	3 4	23 55	20 28	21 46		✱	△	∠				⊻	□
17	18 8	14 35	3 44	28 0	3 11	23 58	20 29	21 48	□		⚼	✱	△	△	✱		
18	18 41	15 46	4 27	28 13	3 18	24 1	20 30	21 50					⚼	⚼		∠	
𝔖	19 9	16 57	5 11	28 25	3 26	24 5	20 32	21 53	△	□					□	✱	△
20	19 31	18 8	5 54	28 37	3 33	24 8	20 33	21 55	⚼			□					⚼
21	19 46	19 19	6 37	28 49	3 40	24 12	20 35	21 58		△	☍		☍		△	□	
22	19 54	20 30	7 21	29 1	3 47	24 15	20 37	22 0		⚼		△		☍	⚼		
23	19 ℞55	21 42	8 4	29 13	3 54	24 19	20 38	22 2	☍			⚼				△	☍
24	19 47	22 53	8 48	29 25	4 0	24 22	20 40	22 5			⚼		⚼			⚼	
25	19 31	24 5	9 31	29 37	4 7	24 26	20 41	22 7		☍	△		△	⚼	☍		
𝔖	19 6	25 16	10 15	29♍49	4 14	24 29	20 43	22 9				☍		△			⚼
27	18 32	26 28	10 59	0♎ 1	4 21	24 33	20 45	22 12	⚼		□		□			☍	△
28	17 48	27 40	11 43	0 13	4 28	24 36	20 46	22 14	△	⚼				□	⚼		
29	16 56	28♍52	12 26	0 24	4 35	24 40	20 48	22 16		△		⚼			△		□
30	15 55	0♎ 4	13 10	0 36	4 41	24 43	20 50	22 19	□		✱		✱	✱		⚼	
31	14♏48	1♎16	13♐54	0♎48	4♎49	24♏47	20♐52	22♎21		□	∠	△	∠	∠		△	✱

D M	Saturn. Lat.	Saturn. Dec.	Uranus. Lat.	Uranus. Dec.	Neptune Lat.	Neptune Dec.	Pluto. Lat.	Pluto. Dec.
	° ′	° ′	° ′	° ′	° ′	° ′	° ′	° ′
1	2N 4	1N24	0N14	18 S 19	1N20	21 S 45	16N36	7N 9
3	2 4	1 19	0 14	18 21	1 20	21 45	16 36	7 7
5	2 5	1 13	0 14	18 23	1 20	21 45	16 36	7 5
7	2 5	1 7	0 14	18 24	1 20	21 45	16 35	7 3
9	2 5	1 2	0 14	18 26	1 20	21 46	16 35	7 1
11	2 5	0 56	0 14	18 27	1 20	21 46	16 35	7 0
13	2 5	0 50	0 14	18 29	1 20	21 46	16 35	6 58
15	2 5	0 45	0 14	18 31	1 19	21 46	16 35	6 56
17	2 6	0 39	0 14	18 32	1 19	21 47	16 35	6 54
19	2 6	0 34	0 14	18 34	1 19	21 47	16 35	6 52
21	2 6	0 28	0 14	18 36	1 19	21 47	16 36	6 51
23	2 6	0 23	0 14	18 37	1 19	21 48	16 36	6 49
25	2 7	0 18	0 14	18 39	1 19	21 48	16 36	6 48
27	2 7	0 13	0 14	18 41	1 19	21 48	16 36	6 47
29	2 7	0 8	0 14	18 43	1 19	21 48	16 36	6 45
31	2N 7	0N 3	0N14	18 S 44	1N19	21 S 49	16N37	6N44

Mutual Aspects.

1. ⊙ ∠ ♅, **Q** ♆.
2. ♂ ☌ ♅. 4. ☿ ∠ ♆.
6. ☿ ⊥ ♄. ♀ ⊻ ♄. ♂ ✶ ♃.
8. ♂ ⊥ ♇. 9. ☿ ∠ ♃.
10. ⊙ ⊥ ♅. ♀ ∠ ♇.
11. ⊙ ⚼ ♇. ☿ **P** ♅.
12. ☿ ⊥ ♆. 13. ⊙ ✶ ♆.
14. ⊙ **P** ♀, ☌ ♇.
15. ♀ **Q** ♅. 16. ♂ ✶ ♄.
17. ⊙ ⊻ ♅. ☿ ∠ ♄. ♀ **P** ♇. [♂ **P** ♆.
18. ♀ ⊥ ♇.
21. ☿ ✶ ♀. ♂ ∠ ♇.
22. ⊙ ⊻ ♃. ♀ □ ♆.
23. ☿ **Stat.** ♀ ⊻ ♇.
25. ♀ ✶ ♅. 26. ☿ ∠ ♄.
27. ⊙ ⊻ ♄.
29. ⊙ ⊥ ♃, ∠ ♆. ☿ **P** ♅. ♂ [**Q** ♃.
30. ⊙ ⊥ ♂. ☿ ∠ ♀, ∠ ♃.
31. ☿ ⊻ ♂, ⊥ ♆. ♀ ☌ ♃.

LAST QUARTER—Oct. 1, 3*h.* 18*m.* *a.m.* (8° ♋ 5′)
and Oct. 30, 4*h.* 33*m.* *p.m.* (7° ♌ 24′)

NEW MOON—November 7, 8*h.* 43*m.* *p.m.* (15° ♏ 36′)

D M	D W	Sidereal Time H. M. S.	☉ Long. ° ′ ″	☉ Dec. ° ′	☽ Long. ° ′ ″	☽ Lat. ° ′	☽ Dec. ° ′	☽ Node ° ′	MIDNIGHT ☽ Long. ° ′ ″	MIDNIGHT ☽ Dec. ° ′
1	S	14 43 42	9♏13 16	14 S 34	29♌50 12	1 N10	12 N37	15♌43	5♍53 9	10 N55
2	𝔖	14 47 39	10 13 21	14 53	11♍53 29	2 10	9 6	15 40	17 51 44	7 13
3	M	14 51 35	11 13 28	15 12	23 48 28	3 3	5 16	15 37	29 44 10	3 N16
4	Tu	14 55 32	12 13 37	15 30	5♎39 15	3 48	1 N15	15 34	11♎34 7	0 S47
5	W	14 59 28	13 13 48	15 49	17 29 6	4 23	2 S48	15 30	23 24 29	4 48
6	Th	15 3 25	14 14 0	16 7	29 20 30	4 47	6 46	15 27	5♏17 23	8 40
7	F	15 7 21	15 14 15	16 24	11♏15 17	4 58	10 29	15 24	17 14 21	12 12
8	S	15 11 18	16 14 31	16 42	23 14 44	4 56	13 48	15 21	29 16 32	15 16
9	𝔖	15 15 15	17 14 50	16 59	5♐19 52	4 41	16 35	15 18	11♐24 54	17 43
10	M	15 19 11	18 15 10	17 16	17 31 47	4 13	18 39	15 15	23 40 41	19 23
11	Tu	15 23 8	19 15 31	17 33	29 51 49	3 33	19 54	15 11	6♑5 36	20 10
12	W	15 27 4	20 15 54	17 49	12♑21 51	2 41	20 11	15 8	18 41 21	19 57
13	Th	15 31 1	21 16 18	18 5	25 4 20	1 41	19 27	15 5	1♒31 10	18 42
14	F	15 34 57	22 16 44	18 20	8♒2 17	0 N35	17 42	15 2	14 38 4	16 27
15	S	15 38 54	23 17 11	18 36	21 18 55	0 S35	14 57	14 59	28 5 13	13 15
16	𝔖	15 42 50	24 17 40	18 51	4♓57 14	1 45	11 20	14 56	11♓55 13	9 14
17	M	15 46 47	25 18 9	19 5	18 59 14	2 51	6 59	14 52	26 9 14	4 S36
18	Tu	15 50 44	26 18 40	19 20	3♈25 0	3 48	2 S 7	14 49	10♈46 5	0 N25
19	W	15 54 40	27 19 12	19 34	18 11 54	4 31	2 N58	14 46	25 41 35	5 30
20	Th	15 58 37	28 19 45	19 47	3♉14 7	4 56	7 58	14 43	10♉48 20	10 18
21	F	16 2 33	29♏20 20	20 1	18 22 55	5 0	12 29	14 40	25 56 33	14 28
22	S	16 6 30	0♐20 56	20 14	3♊27 54	4 44	16 12	14 36	10♊55 41	17 39
23	𝔖	16 10 26	1 21 34	20 26	18 18 46	4 9	18 48	14 33	25 36 13	19 37
24	M	16 14 23	2 22 13	20 38	2♋47 16	3 18	20 7	14 30	9♋51 24	20 17
25	Tu	16 18 19	3 22 54	20 50	16 48 16	2 16	20 8	14 27	23 37 47	19 41
26	W	16 22 16	4 23 36	21 1	0♌20 1	1 S 9	18 57	14 24	6♌55 13	17 59
27	Th	16 26 13	5 24 20	21 12	13 23 46	0 0	16 48	14 21	19 46 8	15 25
28	F	16 30 9	6 25 5	21 23	26 2 53	1 N 7	13 53	14 17	2♍14 39	12 12
29	S	16 34 6	7 25 52	21 33	8♍22 3	2 9	10 25	14 14	14 25 47	8 33
30	𝔖	16 38 2	8♐26 40	21 S 43	20♍26 30	3 N 4	6 N36	14♌11	26♍24 51	4 N36

D M	Mercury. Lat. ° ′	Mercury. Dec. ° ′	Mercury. Dec. ° ′	Venus. Lat. ° ′	Venus. Dec. ° ′	Venus. Dec. ° ′	Mars. Lat. ° ′	Mars. Dec. ° ′	Mars. Dec. ° ′	Jupiter. Lat. ° ′	Jupiter. Dec. ° ′
1	1 S 3	16 S 55	16 S 12	1 N34	0 N27	0 0	0 S 56	23 S 30	23 S 35	1 N 6	0 N37
3	0 S 22	15 28	14 45	1 37	0 S 28	0 S 55	0 57	23 40	23 45	1 7	0 29
5	0 N19	14 2	13 21	1 40	1 22	1 50	0 58	23 49	23 54	1 7	0 20
7	0 57	12 44	12 12	1 43	2 17	2 45	0 59	23 58	24 2	1 7	0 11
9	1 28	11 44	11 22	1 45	3 12	3 40	0 59	24 6	24 9	1 7	0 N 3
11	1 53	11 6	10 56	1 46	4 7	4 35	1 0	24 12	24 15	1 8	0 S 6
13	2 10	10 51	10 51	1 48	5 2	5 29	1 1	24 18	24 20	1 8	0 14
15	2 20	10 56	11 5	1 49	5 57	6 24	1 1	24 22	24 24	1 8	0 22
17	2 23	11 18	11 34	1 50	6 51	7 18	1 2	24 26	24 27	1 9	0 30
19	2 22	11 53	12 15	1 50	7 45	8 11	1 2	24 28	24 29	1 9	0 37
21	2 17	12 38	13 3	1 50	8 38	9 5	1 3	24 29	24 30	1 9	0 45
23	2 10	13 30	13 57	1 50	9 31	9 57	1 3	24 30	24 29	1 10	0 52
25	2 0	14 26	14 54	1 49	10 23	10 48	1 4	24 29	24 28	1 10	0 59
27	1 48	15 24	15 S 53	1 48	11 14	11 S 39	1 4	24 27	24 S 26	1 10	1 6
29	1 35	16 22	—	1 47	12 4	—	1 5	24 24	—	1 11	1 13
30	1 N29	16 S 51		1 N46	12 S 29		1 S 5	24 S 22		1 N11	1 S 17

FIRST QUARTER—November 15, 3*h.* 47*m.* *p.m.* (23° ♒ 27′)

FULL MOON—November 22, 6*h.* 39*m.* *a.m.* (0° ♊ 7′)

D M	☿ Long.	♀ Long.	♂ Long.	♃ Long.	♄ Long.	♅ Long.	♆ Long.	♇ Long.
	° ′	° ′	° ′	° ′	° ′	° ′	° ′	° ′
1	13 ♏ 35	2 ♎ 29	14 ♐ 39	0 ♎ 59	4 ♎ 55	24 ♏ 50	20 ♐ 53	22 ♎ 23
S	12 ℞ 18	3 41	15 23	1 10	5 1	24 54	20 55	22 26
3	10 59	4 53	16 7	1 22	5 8	24 58	20 57	22 28
4	9 42	6 6	16 51	1 33	5 14	25 1	20 59	22 30
5	8 28	7 19	17 36	1 44	5 20	25 5	21 1	22 33
6	7 20	8 31	18 20	1 56	5 27	25 9	21 3	22 35
7	6 20	9 44	19 5	2 7	5 33	25 12	21 4	22 37
8	5 29	10 57	19 49	2 18	5 39	25 16	21 6	22 39
S	4 49	12 10	20 34	2 29	5 46	25 20	21 8	22 42
10	4 21	13 23	21 18	2 39	5 52	25 24	21 10	22 44
11	4 4	14 36	22 3	2 50	5 58	25 27	21 12	22 46
12	3 D 59	15 49	22 48	3 1	6 4	25 31	21 14	22 48
13	4 5	17 3	23 33	3 11	6 10	25 35	21 16	22 51
14	4 22	18 16	24 18	3 22	6 16	25 38	21 18	22 53
15	4 48	19 29	25 3	3 32	6 22	25 42	21 20	22 55
S	5 23	20 43	25 48	3 43	6 28	25 46	21 22	22 57
17	6 6	21 56	26 33	3 53	6 33	25 50	21 24	22 59
18	6 55	23 10	27 18	4 3	6 39	25 53	21 27	23 1
19	7 51	24 23	28 4	4 13	6 45	25 57	21 29	23 3
20	8 53	25 37	28 49	4 23	6 50	26 1	21 31	23 5
21	10 0	26 51	29 ♐ 34	4 33	6 56	26 4	21 33	23 7
22	11 10	28 4	0 ♑ 20	4 43	7 1	26 8	21 35	23 9
S	12 23	29 ♎ 18	1 5	4 53	7 7	26 12	21 37	23 11
24	13 40	0 ♏ 32	1 50	5 2	7 12	26 16	21 39	23 13
25	14 59	1 46	2 36	5 12	7 17	26 19	21 42	23 15
26	16 21	3 0	3 22	5 21	7 22	26 23	21 44	23 17
27	17 44	4 14	4 7	5 30	7 27	26 27	21 46	23 19
28	19 9	5 28	4 53	5 39	7 32	26 30	21 48	23 21
29	20 36	6 42	5 39	5 48	7 37	26 34	21 50	23 23
S	22 ♏ 3	7 ♏ 56	6 ♑ 24	5 ♎ 57	7 ♎ 42	26 ♏ 38	21 ♐ 52	23 ♎ 25

Lunar Aspects.

D	☉	☿	♀	♂	♃	♄	♅	♆	♇
1			⊻		⊻	⊻	□		
2	✱	✱		□					∠
3	∠	∠					✱	□	⊻
4		⊻	☌		☌	☌	∠		
5	⊻			✱				✱	☌
6				∠	⊻		⊻		
7	☌	☌	⊻		∠	⊻		∠	
8			∠	⊻		∠	☌	⊻	⊻
9		⊻			✱	✱			∠
10	⊻	∠	✱	☌				☌	✱
11	∠	✱			□	□	⊻		
12			□				∠		
13	✱			⊻			✱	⊻	□
14		□		∠	△	△		∠	
15	□		△	✱	Q	Q	□	✱	△
16		△	Q						Q
17	△	Q					△	□	
18				□	☍	☍			
19	Q		☍				Q	△	☍
20		☍		△				Q	
21				Q	Q	Q			
22	☍				△	△	☍		Q
23			Q					☍	△
24		Q	△	☍	□	□			
25	Q	△					Q		□
26	△		□		✱		△	Q	
27		□		Q		✱			
28					∠	∠	□	△	✱
29	□		✱	△	⊻	⊻			∠
30		✱	∠					□	⊻

D M	Saturn. Lat.	Saturn. Dec.	Uranus. Lat.	Uranus. Dec.	Neptune. Lat.	Neptune. Dec.	Pluto. Lat.	Pluto. Dec.
	° ′	° ′	° ′	° ′	° ′	° ′	° ′	° ′
1	2 N 8	0 0	0 N 14	18 S 45	1 N 19	21 S 49	16 N 37	6 N 43
3	2 8	0 S 5	0 14	18 47	1 19	21 49	16 37	6 42
5	2 8	0 10	0 14	18 49	1 19	21 50	16 38	6 41
7	2 9	0 14	0 14	18 51	1 19	21 50	16 38	6 40
9	2 9	0 19	0 14	18 52	1 19	21 50	16 39	6 38
11	2 9	0 24	0 14	18 54	1 18	21 51	16 39	6 37
13	2 10	0 28	0 14	18 56	1 18	21 51	16 40	6 36
15	2 10	0 32	0 14	18 58	1 18	21 51	16 40	6 35
17	2 10	0 37	0 14	19 0	1 18	21 51	16 41	6 34
19	2 11	0 41	0 14	19 1	1 18	21 52	16 41	6 33
21	2 11	0 45	0 14	19 3	1 18	21 52	16 42	6 32
23	2 12	0 49	0 14	19 5	1 18	21 52	16 42	6 32
25	2 12	0 52	0 14	19 7	1 18	21 53	16 43	6 31
27	2 12	0 56	0 14	19 8	1 18	21 53	16 44	6 30
29	2 13	0 59	0 14	19 10	1 18	21 53	16 44	6 30
30	2 N 13	1 S 1	0 N 14	19 S 11	1 N 18	21 S 54	16 N 45	6 N 29

Mutual Aspects.

1. ♀ **Q** ♂, **P** ♃.
2. ♀ **P** ♄, **P** ♄.
3. ☉ ☌ ☿, **P** ☿, ⊥ ♄. ☿ ⊥ ♀, ⊥ ♂, ⊥ ♄. ♀ **P** ♃, [☌ ♄.
5. ☉ ⊥ ♀. ☿ ⊻ ♀. ♂ **Q** ♄.
6. ☿ ⊥ ♃. ♀ **Q** ♆.
7. ☉ ⊥ ♆. ☿ ∠ ♆. ♀ ∠ ♅.
8. ☿ ∠ ♂, ⊻ ♄. [♃ **P** ♄.
9. ☉ ∠ ♃. 10. ♂ ☌ ♆.
12. ☿ **Stat.** ♂ ✱ ♇.
13. ☉ ∠ ♄, ⊻ ♆.
15. ☉ ⊻ ♇. ♀ ⊥ ♅.
16. ♀ **P** ♇. ♂ ⊻ ♅.
17. ☉ **P** ♅. ☿ ∠ ♆. ♀ ✱ ♆
18. ☉ ☌ ♅. ☿ ⊻ ♄. ♀ ☌ ♇.
20. ♀ ⊻ ♅.
21. ☉ ⊥ ♇. ♃ **P** ♄.
22. ☉ ⊻ ♂. ☿ ⊥ ♃.
24. ☿ ⊥ ♄. 25. ♂ ⊥ ♅.
26. ☿ ⊥ ♆.
27. ☉ ✱ ♃. ♀ ✱ ♂.
28. ♀ ⊻ ♃.
29. ☉ ✱ ♄. ☿ ∠ ♂, ∠ ♃. ♀ ∠ ♆. ♂ □ ♃, **Q** ♇.
30. ☉ ∠ ♇. ☿ ∠ ♄, ⊻ ♆. ♀ [⊻ ♄.

LAST QUARTER—November 29, 9*h.* 59*m.* *a.m.* (7° ♍ 21′)

New Moon—December 7, 2*h*. 35*m*. *p.m.* (15° ♐ 39′)

D M	D W	Sidereal Time H. M. S.	☉ Long. ° ′ ″	☉ Dec. ° ′	☽ Long. ° ′ ″	☽ Lat. ° ′	☽ Dec. ° ′	☽ Node ° ′	MIDNIGHT ☽ Long. ° ′ ″	MIDNIGHT ☽ Dec. ° ′
1	M	16 41 59	9 ♐ 27 29	21 S 52	2 ♎ 21 29	3 N 50	2 N 35	14 ♌ 8	8 ♎ 17 0	0 N 32
2	Tu	16 45 55	10 28 20	22 1	14 11 57	4 26	1 S 31	14 5	20 6 52	3 S 33
3	W	16 49 52	11 29 13	22 10	26 2 12	4 50	5 33	14 2	1 ♏ 58 22	7 30
4	Th	16 53 48	12 30 7	22 18	7 ♏ 55 45	5 2	9 23	13 58	13 54 39	11 11
5	F	16 57 45	13 31 2	22 25	19 55 20	5 1	12 53	13 55	25 57 59	14 28
6	S	17 1 42	14 31 58	22 33	2 ♐ 2 46	4 47	15 54	13 52	8 ♐ 9 50	17 10
7	𝔖	17 5 38	15 32 55	22 39	14 19 14	4 18	18 15	13 49	20 31 3	19 7
8	M	17 9 35	16 33 53	22 46	26 45 20	3 38	19 46	13 46	3 ♑ 2 8	20 11
9	Tu	17 13 31	17 34 52	22 52	9 ♑ 21 28	2 46	20 21	13 42	15 43 25	20 16
10	W	17 17 28	18 35 52	22 57	22 8 2	1 45	19 54	13 39	28 35 25	19 17
11	Th	17 21 24	19 36 53	23 2	5 ♒ 5 42	0 N 37	18 24	13 36	11 ♒ 39 0	17 16
12	F	17 25 21	20 37 54	23 7	18 15 32	0 S 34	15 53	13 33	24 55 26	14 18
13	S	17 29 17	21 38 56	23 11	1 ♓ 38 56	1 44	12 30	13 30	8 ♓ 26 11	10 32
14	𝔖	17 33 14	22 39 58	23 14	15 17 22	2 49	8 24	13 27	22 12 36	6 8
15	M	17 37 11	23 41 0	23 17	29 11 57	3 46	3 S 47	13 23	6 ♈ 15 23	1 S 21
16	Tu	17 41 7	24 42 3	23 20	13 ♈ 22 48	4 31	1 N 7	13 20	20 33 56	3 N 36
17	W	17 45 4	25 43 6	23 22	27 48 27	4 59	6 2	13 17	5 ♉ 5 49	8 25
18	Th	17 49 0	26 44 10	23 24	12 ♉ 25 25	5 8	10 40	13 14	19 46 29	12 47
19	F	17 52 57	27 45 14	23 25	27 8 10	4 57	14 42	13 10	4 ♊ 29 30	16 23
20	S	17 56 53	28 46 18	23 26	11 ♊ 49 33	4 27	17 48	13 7	19 7 20	18 56
21	𝔖	18 0 50	29 ♐ 47 23	23 26	26 21 55	3 39	19 44	13 4	3 ♋ 32 30	20 13
22	M	18 4 46	0 ♑ 48 29	23 26	10 ♋ 38 19	2 39	20 23	13 1	17 38 49	20 12
23	Tu	18 8 43	1 49 35	23 26	24 33 31	1 30	19 44	12 58	1 ♌ 22 10	18 59
24	W	18 12 40	2 50 41	23 25	8 ♌ 4 37	0 S 18	17 58	12 55	14 40 53	16 43
25	Th	18 16 36	3 51 48	23 23	21 11 8	0 N 53	15 17	12 52	27 35 37	13 40
26	F	18 20 33	4 52 55	23 21	3 ♍ 54 43	2 0	11 56	12 48	10 ♍ 8 52	10 5
27	S	18 24 29	5 54 3	23 19	16 18 35	2 59	8 9	12 45	22 24 27	6 9
28	𝔖	18 28 26	6 55 11	23 16	28 27 2	3 49	4 N 7	12 42	4 ♎ 26 58	2 N 3
29	M	18 32 22	7 56 20	23 12	10 ♎ 24 54	4 28	0 S 1	12 39	16 21 27	2 S 5
30	Tu	18 36 19	8 57 29	23 8	22 17 13	4 55	4 7	12 36	28 12 50	6 6
31	W	18 40 15	9 ♑ 58 39	23 S 4	4 ♏ 8 52	5 N 10	8 S 2	12 ♌ 33	10 ♏ 5 51	9 S 54

D M	Mercury. Lat. ° ′	Mercury. Dec. ° ′	Mercury. Dec. ° ′	Venus. Lat. ° ′	Venus. Dec. ° ′	Venus. Dec. ° ′	Mars. Lat. ° ′	Mars. Dec. ° ′	Mars. Dec. ° ′	Jupiter. Lat. ° ′	Jupiter. Dec. ° ′
1	1 N 22	17 S 20	17 S 49	1 N 46	12 S 53	13 S 17	1 S 5	24 S 20	24 S 17	1 N 11	1 S 20
3	1 7	18 17	18 44	1 44	13 41	14 5	1 6	24 15	24 12	1 12	1 26
5	0 52	19 11	19 37	1 42	14 28	14 51	1 6	24 8	24 5	1 12	1 33
7	0 38	20 2	20 27	1 39	15 13	15 35	1 6	24 1	23 57	1 13	1 39
9	0 24	20 51	21 14	1 36	15 57	16 18	1 6	23 53	23 48	1 13	1 45
11	0 N 10	21 35	21 56	1 33	16 39	17 0	1 7	23 43	23 38	1 13	1 50
13	0 S 4	22 16	22 35	1 30	17 20	17 39	1 7	23 32	23 27	1 14	1 56
15	0 18	22 53	23 9	1 27	17 59	18 17	1 7	23 21	23 14	1 14	2 1
17	0 31	23 25	23 39	1 23	18 35	18 53	1 7	23 8	23 1	1 15	2 6
19	0 44	23 52	24 4	1 19	19 10	19 27	1 8	22 54	22 47	1 15	2 10
21	0 56	24 15	24 24	1 15	19 43	19 59	1 8	22 39	22 31	1 16	2 15
23	1 7	24 32	24 39	1 11	20 14	20 28	1 8	22 23	22 15	1 16	2 19
25	1 18	24 45	24 49	1 7	20 42	20 55	1 8	22 6	21 58	1 17	2 23
27	1 28	24 52	24 53	1 2	21 8	21 20	1 8	21 48	21 39	1 17	2 27
29	1 37	24 53	24 S 52	0 58	21 32	21 S 43	1 8	21 30	21 S 20	1 18	2 30
31	1 S 45	24 S 49		0 N 53	21 S 53		1 S 8	21 S 10		1 N 18	2 S 33

First Quarter—December 15, 1*h*. 47*m*. *a.m.* (23° ♓ 15′)

FULL MOON—December 21, 6*h*. 8*m*. *p.m.* (0° ♋ 3′)

D M	☿ Long.	♀ Long.	♂ Long.	♃ Long.	♄ Long.	♅ Long.	♆ Long.	♇ Long.	☉	☿	♀	♂	♃	♄	♅	♆	♇
	° ′	° ′	° ′	° ′	° ′	° ′	° ′	° ′	Lunar Aspects.								
1	23♏31	9♏11	7♑10	6♎ 6	7♎47	26♏41	21♐55	23♎26				□	☌	☌	✱		
2	25 0	10 25	7 56	6 15	7 52	26 45	21 57	23 28	✱	∠	⊻				∠		
3	26 30	11 39	8 42	6 23	7 56	26 49	21 59	23 30	∠	⊻					⊻	✱	☌
4	28 0	12 54	9 28	6 32	8 1	26 52	22 1	23 32	⊻		☌	✱	⊻	⊻		∠	
5	29♏31	14 8	10 14	6 40	8 5	26 56	22 4	23 34				∠	∠	∠		⊻	⊻
6	1♐ 2	15 22	11 1	6 48	8 10	27 0	22 6	23 35		☌			✱		☌		
S	2 33	16 37	11 47	6 56	8 14	27 3	22 8	23 37	☌		⊻	⊻		✱			∠
8	4 5	17 51	12 33	7 4	8 18	27 7	22 10	23 39							⊻	☌	✱
9	5 37	19 6	13 19	7 12	8 22	27 10	22 13	23 40		⊻	∠	☌	□	□	∠		
10	7 9	20 20	14 5	7 20	8 26	27 14	22 15	23 42	⊻	∠	✱				✱	⊻	□
11	8 41	21 35	14 52	7 28	8 30	27 17	22 17	23 43	∠	✱			△	△		∠	
12	10 13	22 50	15 38	7 35	8 34	27 21	22 20	23 45	✱		□	⊻	Q	Q		✱	△
13	11 46	24 4	16 25	7 42	8 38	27 24	22 22	23 47				∠			□		
S	13 18	25 19	17 11	7 49	8 41	27 28	22 24	23 48		□		✱					Q
15	14 51	26 33	17 58	7 56	8 45	27 31	22 26	23 49	□		△				△	□	
16	16 24	27 48	18 44	8 3	8 49	27 35	22 29	23 51		△	Q	□	☍	☍	Q		
17	17 57	29♏ 3	19 31	8 10	8 52	27 38	22 31	23 52	△	Q						△	☍
18	19 31	0♐18	20 17	8 17	8 55	27 42	22 33	23 54	Q							Q	
19	21 4	1 32	21 4	8 23	8 58	27 45	22 35	23 55			☍	△	Q	Q	☍		
20	22 38	2 47	21 51	8 29	9 1	27 48	22 38	23 56				Q	△	△			Q
S	24 11	4 2	22 37	8 35	9 4	27 52	22 40	23 58	☍	☍						☍	△
22	25 45	5 17	23 24	8 41	9 7	27 55	22 42	23 59					□	□	Q		
23	27 20	6 32	24 11	8 47	9 10	27 58	22 44	24 0				☍			△		□
24	28♐54	7 46	24 58	8 53	9 13	28 1	22 47	24 1			△		✱	✱		Q	
25	0♑28	9 1	25 45	8 58	9 16	28 5	22 49	24 2	Q	Q			∠	∠		△	✱
26	2 3	10 16	26 32	9 4	9 18	28 8	22 51	24 3	△	△			⊻	⊻	□		∠
27	3 38	11 31	27 18	9 9	9 20	28 11	22 53	24 5			□	Q					
S	5 14	12 46	28 5	9 14	9 23	28 14	22 56	24 6				△			✱	□	⊻
29	6 49	14 1	28 52	9 19	9 25	28 17	22 58	24 7	□	□	✱		☌	☌	∠		
30	8 25	15 16	29♑39	9 24	9 27	28 20	23 0	24 8								✱	☌
31	10♑ 2	16♐31	0♒26	9♎28	9♎29	28♏23	23♐ 2	24♎ 9			∠	□	⊻	⊻	⊻	∠	

D M	Saturn. Lat.	Saturn. Dec.	Uranus. Lat.	Uranus. Dec.	Neptune. Lat.	Neptune. Dec.	Pluto. Lat.	Pluto. Dec.
	° ′	° ′	° ′	° ′	° ′	° ′	° ′	° ′
1	2N13	1S 3	0N14	19S12	1N18	21S54	16N45	6N29
3	2 14	1 6	0 14	19 13	1 18	21 54	16 46	6 29
5	2 14	1 9	0 14	19 15	1 18	21 54	16 47	6 28
7	2 15	1 12	0 14	19 17	1 18	21 55	16 48	6 28
9	2 15	1 15	0 14	19 18	1 18	21 55	16 49	6 27
11	2 16	1 18	0 14	19 20	1 18	21 55	16 50	6 27
13	2 16	1 20	0 14	19 22	1 18	21 55	16 51	6 27
15	2 17	1 22	0 14	19 23	1 18	21 56	16 51	6 27
17	2 17	1 25	0 14	19 25	1 18	21 56	16 52	6 27
19	2 18	1 27	0 14	19 26	1 18	21 56	16 53	6 27
21	2 18	1 29	0 13	19 28	1 18	21 56	16 55	6 27
23	2 19	1 30	0 13	19 29	1 18	21 57	16 56	6 27
25	2 19	1 32	0 13	19 31	1 18	21 57	16 57	6 27
27	2 20	1 33	0 13	19 32	1 18	21 57	16 58	6 27
29	2 21	1 35	0 13	19 34	1 18	21 57	16 59	6 28
31	2N21	1S36	0N13	19S35	1N18	21S58	17N 0	6N28

Mutual Aspects.

1. ☉ **P** ♆. ☿ ⊻ ♇.
2. ☉ ⊻ ♀. ♂ □ ♄.
3. ☿ ☌ ♅. 4. ♀ ⊥ ♃.
5. ☿ **P** ♅, ⊥ ♇. ♀ ⊥ ♄.
7. ♀ ⊥ ♆. ♂ ∠ ♅.
10. ☿ ✱ ♃.
11. ☉ **Q** ♃. ☿ ⊥ ♂, ✱ ♄, ∠ ♇.
12. ☉ **Q** ♄. ☿ **P** ♆. ♀ ∠ ♃, ⊻ ♆.
13. ♀ ∠ ♄, ⊻ ♇.
14. ☉ ☌ ♆.
15. ☉ **P** ♂, ✱ ♇.
16. ☿ **P** ♂. ♀ ☌ ♅.
17. ☉ **P** ☿. 18. ♀ ⊥ ♇.
19. ☉ ⊻ ♅. ☿ ⊻ ♂, **Q** ♃, **Q** ♄.
20. ☿ ☌ ♆. ♀ **P** ♅.
21. ☿ ✱ ♇. ♂ ⊻ ♆.
23. ☿ ⊻ ♅. ♂ □ ♇.
25. ☉ ⊥ ♅. ♀ ✱ ♃, ✱ ♄, ∠ ♇.
26. ♂ **P** ♆.
27. ☉ **Q** ♇. ☿ ⊥ ♅.
28. ♂ ✱ ♅.
29. ☿ **Q** ♇. ♀ ∠ ♂, **P** ♂. ♂ ⊥ ♆.
30. ☉ □ ♃.
31. ☉ ☌ ☿, □ ♄. ☿ □ ♃, □ ♄. ♀ **P** ♆. ♃ ☌ ♄.

LAST QUARTER—December 29, 6*h*. 32*m*. *a.m.* (7° ♎ 42′)

DAILY MOTIONS OF THE PLANETS, 1980

JANUARY

D	☉	☽	☽Dec.	☿	♀	♂
	° ′ ″	° ′ ″	° ′	° ′	° ′	′
1	1 1 8	12 58 11	0 5	1 32	1 14	10
2	1 1 8	12 42 30	0 53	1 32	1 14	9
3	1 1 9	12 26 58	1 46	1 33	1 14	9
4	1 1 8	12 12 41	2 28	1 33	1 13	8
5	1 1 8	12 0 47	3 2	1 34	1 14	7
6	1 1 9	11 52 18	3 27	1 33	1 14	7
7	1 1 8	11 48 1	3 42	1 35	1 14	6
8	1 1 9	11 48 36	3 51	1 34	1 13	5
9	1 1 8	11 54 21	3 53	1 35	1 14	4
10	1 1 9	12 5 21	3 46	1 36	1 13	4
11	1 1 9	12 21 19	3 31	1 35	1 13	3
12	1 1 8	12 41 34	3 6	1 37	1 14	3
13	1 1 9	13 4 52	2 30	1 37	1 14	2
14	1 1 8	13 29 33	1 39	1 37	1 13	1
15	1 1 8	13 53 26	0 37	1 38	1 14	0
16	1 1 8	14 14 18	0 33	1 38	1 13	1
17	1 1 7	14 30 5	1 47	1 39	1 13	1
18	1 1 7	14 39 26	2 54	1 39	1 13	2
19	1 1 6	14 41 53	3 47	1 40	1 13	3
20	1 1 5	14 38 0	4 23	1 41	1 14	4
21	1 1 4	14 29 1	4 40	1 41	1 13	4
22	1 1 3	14 16 30	4 39	1 41	1 13	6
23	1 1 2	14 2 0	4 22	1 42	1 12	6
24	1 1 1	13 46 41	3 52	1 43	1 13	6
25	1 1 0	13 31 25	3 10	1 44	1 13	8
26	1 0 59	13 16 37	2 19	1 43	1 13	9
27	1 0 58	13 2 29	1 23	1 45	1 12	9
28	1 0 56	12 49 1	0 24	1 45	1 13	10
29	1 0 56	12 36 16	0 35	1 45	1 12	11
30	1 0 54	12 24 18	1 27	1 45	1 12	11
31	1 0 54	12 13 19	2 14	1 46	1 13	13

FEBRUARY

D	☉	☽	☽Dec.	☿	♀	♂
	° ′ ″	° ′ ″	° ′	° ′	° ′	′
1	1 0 52	12 3 41	2 51	1 47	1 12	13
2	1 0 52	11 55 53	3 19	1 46	1 12	14
3	1 0 50	11 50 27	3 38	1 46	1 12	14
4	1 0 49	11 47 58	3 49	1 46	1 12	16
5	1 0 49	11 49 5	3 51	1 46	1 12	16
6	1 0 47	11 54 15	3 47	1 45	1 11	16
7	1 0 47	12 3 53	3 34	1 44	1 12	18
8	1 0 45	12 18 9	3 12	1 43	1 11	18
9	1 0 45	12 36 58	2 41	1 42	1 12	18
10	1 0 43	12 59 44	1 59	1 39	1 11	20
11	1 0 43	13 25 25	1 5	1 37	1 11	20
12	1 0 41	13 52 19	0 1	1 34	1 11	20
13	1 0 40	14 18 8	1 12	1 31	1 11	21
14	1 0 39	14 40 20	2 24	1 27	1 11	21
15	1 0 37	14 56 21	3 28	1 21	1 11	22
16	1 0 36	15 4 13	4 16	1 17	1 11	23
17	1 0 35	15 3 10	4 45	1 10	1 10	22
18	1 0 32	14 53 39	4 51	1 3	1 10	23
19	1 0 31	14 37 17	4 39	0 56	1 11	23
20	1 0 29	14 16 20	4 8	0 48	1 10	24
21	1 0 27	13 53 14	3 27	0 39	1 10	23
22	1 0 25	13 30 4	2 34	0 30	1 10	24
23	1 0 23	13 8 22	1 37	0 20	1 10	24
24	1 0 22	12 49 8	0 37	0 11	1 9	24
25	1 0 19	12 32 44	0 20	0 0	1 10	23
26	1 0 18	12 19 18	1 14	0 9	1 9	24
27	1 0 15	12 8 37	2 1	0 18	1 9	24
28	1 0 14	12 0 29	2 41	0 28	1 9	23
29	1 0 11	11 54 35	3 11	0 36	1 9	24

MARCH

D	☉	☽	☽Dec.	☿	♀	♂
	° ′ ″	° ′ ″	° ′	° ′	° ′	′
1	1 0 10	11 50 46	3 33	0 43	1 8	23
2	1 0 9	11 49 0	3 47	0 50	1 8	23
3	1 0 6	11 49 20	3 52	0 54	1 9	22
4	1 0 4	11 52 2	3 49	0 58	1 8	23
5	1 0 3	11 57 27	3 37	1 1	1 7	21
6	1 0 2	12 5 58	3 18	1 1	1 8	22
7	1 0 0	12 17 57	2 49	1 0	1 8	21
8	0 59 58	12 33 45	2 11	0 58	1 7	20
9	0 59 56	12 53 19	1 22	0 55	1 7	21
10	0 59 55	13 16 22	0 24	0 51	1 7	19
11	0 59 53	13 42 2	0 42	0 47	1 6	19
12	0 59 52	14 8 42	1 51	0 41	1 7	18
13	0 59 50	14 34 11	2 58	0 34	1 6	18
14	0 59 48	14 55 36	3 55	0 29	1 6	17
15	0 59 46	15 10 6	4 36	0 22	1 6	16
16	0 59 44	15 15 20	4 57	0 16	1 5	16
17	0 59 42	15 10 15	4 56	0 10	1 5	14
18	0 59 40	14 55 27	4 32	0 4	1 5	15
19	0 59 38	14 33 7	3 52	0 3	1 5	13
20	0 59 35	14 6 12	2 59	0 8	1 5	13
21	0 59 33	13 37 51	1 58	0 14	1 4	12
22	0 59 31	13 10 40	0 55	0 19	1 4	11
23	0 59 29	12 46 31	0 6	0 23	1 3	10
24	0 59 26	12 26 25	1 3	0 29	1 3	9
25	0 59 24	12 10 49	1 51	0 33	1 3	9
26	0 59 22	11 59 38	2 32	0 37	1 3	8
27	0 59 19	11 52 29	3 5	0 41	1 2	7
28	0 59 17	11 48 50	3 29	0 45	1 2	7
29	0 59 15	11 48 7	3 45	0 48	1 1	5
30	0 59 13	11 49 46	3 53	0 51	1 1	5
31	0 59 11	11 53 20	3 52	0 55	1 1	4

APRIL

D	☉	☽	☽Dec.	☿	♀	♂
	° ′ ″	° ′ ″	° ′	° ′	° ′	′
1	0 59 9	11 58 36	3 44	0 57	1 1	3
2	0 59 6	12 5 24	3 25	1 1	1 0	3
3	0 59 6	12 13 55	2 58	1 3	0 59	2
4	0 59 3	12 24 25	2 21	1 5	0 59	1
5	0 59 1	12 37 15	1 36	1 8	0 59	0
6	0 59 0	12 52 49	0 40	1 11	0 58	1
7	0 58 58	13 11 16	0 20	1 12	0 58	1
8	0 58 56	13 32 28	1 26	1 15	0 57	2
9	0 58 54	13 55 38	2 30	1 17	0 57	2
10	0 58 53	14 19 21	3 29	1 19	0 56	4
11	0 58 51	14 41 24	4 16	1 21	0 56	4
12	0 58 49	14 58 55	4 48	1 22	0 55	4
13	0 58 47	15 9 2	5 0	1 25	0 55	6
14	0 58 46	15 9 32	4 50	1 26	0 54	6
15	0 58 43	14 59 44	4 20	1 28	0 53	7
16	0 58 41	14 40 42	3 30	1 30	0 53	7
17	0 58 40	14 15 0	2 29	1 32	0 52	8
18	0 58 37	13 45 58	1 21	1 33	0 51	8
19	0 58 35	13 16 47	0 15	1 35	0 51	10
20	0 58 32	12 50 0	0 47	1 37	0 50	9
21	0 58 31	12 27 19	1 40	1 39	0 49	10
22	0 58 28	12 9 41	2 24	1 40	0 49	11
23	0 58 26	11 57 19	2 59	1 42	0 47	12
24	0 58 24	11 50 4	3 25	1 43	0 47	12
25	0 58 22	11 47 25	3 44	1 46	0 46	12
26	0 58 20	11 48 42	3 53	1 47	0 44	13
27	0 58 18	11 53 8	3 56	1 49	0 44	14
28	0 58 16	11 59 53	3 50	1 50	0 43	14
29	0 58 14	12 8 14	3 35	1 52	0 42	15
30	0 58 13	12 17 35	3 10	1 54	0 41	15

MAY

D	☉ °	′	″	☽ °	′	″	☽Dec. °	′	☿ °	′	♀ °	′	♂ ′
1	0	58	11	12	27	34	2	34	1	56	0	40	15
2	0	58	9	12	38	8	1	50	1	58	0	38	16
3	0	58	8	12	49	25	0	56	1	59	0	37	17
4	0	58	6	13	1	46	0	5	2	1	0	36	17
5	0	58	5	13	15	36	1	8	2	2	0	35	17
6	0	58	4	13	31	10	2	11	2	4	0	34	17
7	0	58	2	13	48	22	3	9	2	6	0	32	18
8	0	58	0	14	6	30	3	56	2	6	0	30	19
9	0	58	0	14	24	12	4	32	2	8	0	29	19
10	0	57	58	14	39	21	4	52	2	9	0	28	19
11	0	57	57	14	49	34	4	53	2	10	0	26	20
12	0	57	55	14	52	31	4	34	2	11	0	24	20
13	0	57	54	14	46	55	3	57	2	11	0	23	21
14	0	57	53	14	32	44	3	1	2	11	0	21	21
15	0	57	51	14	11	34	1	55	2	11	0	18	21
16	0	57	49	13	45	55	0	44	2	11	0	17	21
17	0	57	48	13	18	47	0	23	2	10	0	15	22
18	0	57	46	12	52	48	1	23	2	9	0	13	22
19	0	57	45	12	29	59	2	13	2	8	0	11	23
20	0	57	43	12	11	45	2	52	2	6	0	9	23
21	0	57	41	11	58	45	3	21	2	4	0	7	23
22	0	57	40	11	51	10	3	42	2	3	0	4	23
23	0	57	38	11	48	51	3	53	2	1	0	2	24
24	0	57	37	11	51	15	3	58	1	58	0	0	24
25	0	57	35	11	57	38	3	55	1	56	0	3	25
26	0	57	34	12	7	8	3	43	1	53	0	5	24
27	0	57	33	12	18	43	3	22	1	51	0	8	25
28	0	57	32	12	31	27	2	50	1	48	0	10	26
29	0	57	30	12	44	25	2	7	1	45	0	12	25
30	0	57	30	12	56	57	1	14	1	43	0	15	26
31	0	57	28	13	8	47	0	13	1	39	0	18	26

JUNE

D	☉ °	′	″	☽ °	′	″	☽Dec. °	′	☿ °	′	♀ °	′	♂ ′
1	0	57	28	13	19	53	0	52	1	37	0	19	26
2	0	57	27	13	30	33	1	56	1	34	0	22	26
3	0	57	26	13	41	7	2	55	1	31	0	24	27
4	0	57	25	13	51	50	3	43	1	28	0	26	27
5	0	57	25	14	2	36	4	21	1	26	0	28	27
6	0	57	25	14	12	49	4	42	1	22	0	30	28
7	0	57	23	14	21	24	4	48	1	19	0	31	27
8	0	57	23	14	26	51	4	37	1	16	0	33	28
9	0	57	23	14	27	38	4	9	1	13	0	34	28
10	0	57	22	14	22	37	3	23	1	9	0	36	28
11	0	57	21	14	11	31	2	24	1	7	0	36	29
12	0	57	21	13	54	57	1	15	1	3	0	37	29
13	0	57	20	13	34	26	0	6	0	59	0	37	29
14	0	57	20	13	11	58	0	59	0	57	0	38	29
15	0	57	18	12	49	41	1	56	0	52	0	37	29
16	0	57	18	12	29	25	2	41	0	49	0	37	30
17	0	57	17	12	12	35	3	15	0	46	0	37	30
18	0	57	16	12	0	14	3	37	0	41	0	36	30
19	0	57	16	11	52	51	3	52	0	37	0	35	30
20	0	57	14	11	50	40	3	59	0	34	0	34	30
21	0	57	15	11	53	32	3	57	0	29	0	32	30
22	0	57	13	12	1	1	3	48	0	24	0	31	31
23	0	57	13	12	12	26	3	32	0	21	0	30	31
24	0	57	12	12	26	52	3	4	0	16	0	27	31
25	0	57	12	12	43	10	2	25	0	11	0	25	31
26	0	57	12	13	0	5	1	36	0	7	0	24	31
27	0	57	11	13	16	29	0	36	0	2	0	21	32
28	0	57	12	13	31	16	0	31	0	2	0	19	32
29	0	57	11	13	43	49	1	39	0	7	0	16	31
30	0	57	11	13	53	50	2	42	0	12	0	14	32

JULY

D	☉ °	′	″	☽ °	′	″	☽Dec. °	′	☿ °	′	♀ °	′	♂ ′
1	0	57	11	14	1	21	3	35	0	16	0	12	32
2	0	57	12	14	6	41	4	14	0	20	0	9	33
3	0	57	11	14	10	4	4	38	0	24	0	7	32
4	0	57	12	14	11	42	4	46	0	27	0	4	33
5	0	57	12	14	11	26	4	38	0	30	0	2	32
6	0	57	13	14	8	59	4	13	0	34	0	0	33
7	0	57	13	14	3	53	3	35	0	35	0	2	33
8	0	57	14	13	55	46	2	41	0	37	0	5	33
9	0	57	14	13	44	34	1	40	0	38	0	7	34
10	0	57	14	13	30	31	0	32	0	39	0	9	33
11	0	57	14	13	14	18	0	35	0	38	0	12	34
12	0	57	15	12	56	56	1	35	0	38	0	13	33
13	0	57	15	12	39	37	2	25	0	36	0	15	34
14	0	57	15	12	23	32	3	4	0	33	0	17	34
15	0	57	15	12	9	50	3	32	0	31	0	19	34
16	0	57	15	11	59	26	3	49	0	28	0	21	35
17	0	57	16	11	53	4	3	57	0	23	0	23	34
18	0	57	16	11	51	12	3	59	0	19	0	24	35
19	0	57	16	11	54	5	3	51	0	14	0	26	34
20	0	57	16	12	1	46	3	37	0	10	0	27	35
21	0	57	17	12	13	55	3	14	0	4	0	29	35
22	0	57	17	12	30	0	2	40	0	2	0	30	35
23	0	57	17	12	49	4	1	57	0	8	0	32	35
24	0	57	18	13	9	55	1	1	0	13	0	33	35
25	0	57	18	13	31	2	0	4	0	19	0	35	36
26	0	57	19	13	50	47	1	14	0	26	0	35	35
27	0	57	20	14	7	34	2	23	0	31	0	37	36
28	0	57	21	14	20	8	3	23	0	38	0	38	35
29	0	57	21	14	27	45	4	10	0	44	0	40	36
30	0	57	22	14	30	10	4	39	0	49	0	40	36
31	0	57	24	14	27	50	4	51	0	56	0	41	36

AUGUST

D	☉ °	′	″	☽ °	′	″	☽Dec. °	′	☿ °	′	♀ °	′	♂ ′
1	0	57	24	14	21	27	4	44	1	1	0	43	36
2	0	57	26	14	12	0	4	21	1	7	0	43	37
3	0	57	27	14	0	24	3	43	1	12	0	44	36
4	0	57	29	13	47	29	2	54	1	17	0	45	37
5	0	57	30	13	33	45	1	55	1	23	0	46	36
6	0	57	31	13	19	42	0	50	1	28	0	47	37
7	0	57	32	13	5	34	0	15	1	32	0	48	37
8	0	57	33	12	51	35	1	15	1	37	0	48	37
9	0	57	35	12	38	3	2	9	1	40	0	49	37
10	0	57	36	12	25	16	2	51	1	45	0	50	37
11	0	57	36	12	13	43	3	24	1	48	0	51	37
12	0	57	38	12	3	54	3	44	1	50	0	51	38
13	0	57	39	11	56	22	3	57	1	54	0	52	37
14	0	57	40	11	51	45	3	59	1	55	0	52	38
15	0	57	42	11	50	34	3	53	1	58	0	53	37
16	0	57	42	11	53	20	3	41	1	58	0	54	38
17	0	57	43	12	0	24	3	20	2	0	0	54	38
18	0	57	45	12	11	57	2	51	2	1	0	55	38
19	0	57	45	12	27	56	2	12	2	0	0	55	38
20	0	57	47	12	47	56	1	22	2	1	0	56	38
21	0	57	48	13	11	4	0	23	2	1	0	56	39
22	0	57	49	13	36	3	0	45	2	0	0	57	38
23	0	57	50	14	0	58	1	54	2	0	0	57	38
24	0	57	52	14	23	36	3	1	1	59	0	58	39
25	0	57	53	14	41	34	3	58	1	58	0	58	39
26	0	57	55	14	52	51	4	38	1	58	0	59	38
27	0	57	56	14	56	9	4	57	1	56	0	59	39
28	0	57	58	14	51	23	4	58	1	55	0	59	39
29	0	58	0	14	39	32	4	37	1	54	1	0	39
30	0	58	2	14	22	27	4	0	1	53	1	0	39
31	0	58	4	14	2	23	3	9	1	52	1	1	39

SEPTEMBER

D	☉			☽			☽Dec.		☿		♀		♂
	°	′	″	°	′	″	°	′	°	′	°	′	′
1	0	58	6	13	41	20	2	10	1	50	1	1	40
2	0	58	8	13	21	1	1	5	1	50	1	1	39
3	0	58	9	13	2	24	0	0	1	48	1	2	40
4	0	58	12	12	46	6	1	1	1	46	1	2	39
5	0	58	14	12	32	10	1	55	1	46	1	2	40
6	0	58	15	12	20	31	2	40	1	45	1	2	39
7	0	58	18	12	10	55	3	15	1	43	1	3	40
8	0	58	19	12	3	10	3	40	1	42	1	4	40
9	0	58	21	11	57	7	3	54	1	41	1	3	40
10	0	58	22	11	52	50	4	0	1	40	1	4	40
11	0	58	25	11	50	31	3	56	1	39	1	4	41
12	0	58	26	11	50	33	3	46	1	37	1	4	40
13	0	58	28	11	53	23	3	26	1	37	1	5	40
14	0	58	29	11	59	35	2	59	1	35	1	4	41
15	0	58	32	12	9	35	2	23	1	35	1	5	40
16	0	58	33	12	23	49	1	38	1	33	1	6	41
17	0	58	34	12	42	24	0	44	1	32	1	5	41
18	0	58	36	13	5	7	0	18	1	32	1	6	41
19	0	58	38	13	31	6	1	25	1	30	1	6	40
20	0	58	40	13	58	56	2	32	1	29	1	6	41
21	0	58	41	14	26	13	3	34	1	28	1	6	42
22	0	58	43	14	50	4	4	24	1	27	1	7	41
23	0	58	45	15	7	16	4	57	1	26	1	7	41
24	0	58	47	15	15	8	5	9	1	25	1	7	41
25	0	58	49	15	12	22	4	58	1	24	1	7	42
26	0	58	51	14	59	27	4	25	1	23	1	8	41
27	0	58	53	14	38	31	3	36	1	22	1	7	42
28	0	58	56	14	12	42	2	33	1	20	1	8	41
29	0	58	58	13	45	13	1	24	1	19	1	8	42
30	0	59	1	13	18	49	0	16	1	18	1	8	42

OCTOBER

D	☉			☽			☽Dec.		☿		♀		♂
	°	′	″	°	′	″	°	′	°	′	°	′	′
1	0	59	2	12	55	14	0	48	1	17	1	9	42
2	0	59	5	12	35	32	1	44	1	15	1	8	42
3	0	59	8	12	19	58	2	31	1	13	1	9	42
4	0	59	9	12	8	21	3	8	1	12	1	9	42
5	0	59	11	12	0	12	3	35	1	10	1	9	42
6	0	59	14	11	54	58	3	52	1	9	1	9	42
7	0	59	16	11	52	0	4	0	1	6	1	10	43
8	0	59	18	11	50	52	4	1	1	5	1	9	42
9	0	59	20	11	51	19	3	51	1	2	1	10	43
10	0	59	22	11	53	16	3	34	0	59	1	10	42
11	0	59	24	11	56	55	3	9	0	57	1	10	43
12	0	59	26	12	2	42	2	34	0	53	1	10	43
13	0	59	28	12	11	10	1	50	0	50	1	10	42
14	0	59	30	12	22	55	1	0	0	47	1	10	43
15	0	59	31	12	38	30	0	1	0	42	1	11	43
16	0	59	33	12	58	8	1	1	0	38	1	10	43
17	0	59	35	13	21	41	2	5	0	33	1	11	43
18	0	59	36	13	48	18	3	6	0	28	1	11	44
19	0	59	38	14	16	14	4	0	0	22	1	11	43
20	0	59	40	14	42	45	4	42	0	15	1	11	43
21	0	59	42	15	4	28	5	6	0	8	1	11	44
22	0	59	44	15	17	50	5	10	0	1	1	12	43
23	0	59	45	15	20	15	4	51	0	8	1	11	44
24	0	59	48	15	10	59	4	8	0	16	1	12	43
25	0	59	49	14	51	28	3	8	0	25	1	11	44
26	0	59	52	14	24	46	1	56	0	34	1	12	44
27	0	59	54	13	54	42	0	42	0	44	1	12	44
28	0	59	57	13	24	40	0	30	0	52	1	12	43
29	0	59	58	12	57	20	1	32	1	1	1	12	44
30	1	0	1	12	34	18	2	23	1	7	1	12	44
31	1	0	2	12	16	14	3	2	1	13	1	13	45

NOVEMBER

D	☉			☽			☽Dec.		☿		♀		♂
	°	′	″	°	′	″	°	′	°	′	°	′	′
1	1	0	5	12	3	17	3	31	1	17	1	12	44
2	1	0	7	11	54	59	3	50	1	19	1	12	44
3	1	0	9	11	50	47	4	1	1	17	1	13	44
4	1	0	11	11	49	51	4	3	1	14	1	13	45
5	1	0	12	11	51	24	3	58	1	8	1	12	44
6	1	0	15	11	54	47	3	43	1	0	1	13	45
7	1	0	16	11	59	27	3	19	0	51	1	13	44
8	1	0	19	12	5	8	2	47	0	40	1	13	45
9	1	0	20	12	11	55	2	4	0	28	1	13	44
10	1	0	21	12	20	2	1	15	0	17	1	13	45
11	1	0	23	12	30	2	0	17	0	5	1	13	45
12	1	0	24	12	42	29	0	44	0	6	1	14	45
13	1	0	26	12	57	57	1	45	0	17	1	13	45
14	1	0	27	13	16	38	2	45	0	26	1	13	45
15	1	0	29	13	38	19	3	37	0	35	1	14	45
16	1	0	29	14	2	0	4	21	0	43	1	13	45
17	1	0	31	14	25	46	4	52	0	49	1	14	45
18	1	0	32	14	46	54	5	5	0	56	1	13	46
19	1	0	33	15	2	13	5	0	1	2	1	14	45
20	1	0	35	15	8	48	4	31	1	7	1	14	45
21	1	0	36	15	4	59	3	43	1	10	1	13	46
22	1	0	38	14	50	52	2	36	1	13	1	14	45
23	1	0	39	14	28	30	1	19	1	17	1	14	45
24	1	0	41	14	1	0	0	1	1	19	1	14	46
25	1	0	42	13	31	45	1	11	1	22	1	14	46
26	1	0	44	13	3	45	2	9	1	23	1	14	45
27	1	0	45	12	39	7	2	55	1	25	1	14	46
28	1	0	47	12	19	10	3	28	1	27	1	14	46
29	1	0	48	12	4	27	3	49	1	27	1	14	45
30	1	0	49	11	54	59	4	1	1	28	1	15	46

DECEMBER

D	☉			☽			☽Dec.		☿		♀		♂
	°	′	″	°	′	″	°	′	°	′	°	′	′
1	1	0	51	11	50	28	4	6	1	29	1	14	46
2	1	0	53	11	50	15	4	2	1	30	1	14	46
3	1	0	54	11	53	33	3	50	1	30	1	15	46
4	1	0	55	11	59	35	3	30	1	31	1	14	46
5	1	0	56	12	7	26	3	1	1	31	1	14	47
6	1	0	57	12	16	28	2	21	1	31	1	15	46
7	1	0	58	12	26	6	1	31	1	32	1	14	46
8	1	0	59	12	36	8	0	35	1	32	1	15	46
9	1	1	0	12	46	34	0	27	1	32	1	14	46
10	1	1	1	12	57	40	1	30	1	32	1	15	47
11	1	1	1	13	9	50	2	31	1	32	1	15	46
12	1	1	2	13	23	24	3	23	1	33	1	14	47
13	1	1	2	13	38	26	4	6	1	32	1	15	46
14	1	1	2	13	54	35	4	37	1	33	1	14	47
15	1	1	3	14	10	51	4	54	1	33	1	15	46
16	1	1	3	14	25	39	4	55	1	33	1	15	47
17	1	1	4	14	36	58	4	38	1	34	1	15	46
18	1	1	4	14	42	45	4	2	1	33	1	14	47
19	1	1	4	14	41	23	3	6	1	34	1	15	47
20	1	1	5	14	32	22	1	56	1	33	1	15	46
21	1	1	6	14	16	24	0	39	1	34	1	15	47
22	1	1	6	13	55	12	0	39	1	35	1	15	47
23	1	1	6	13	31	6	1	46	1	34	1	14	47
24	1	1	7	13	6	31	2	41	1	34	1	15	47
25	1	1	7	12	43	35	3	21	1	35	1	15	47
26	1	1	8	12	23	52	3	47	1	35	1	15	46
27	1	1	8	12	8	27	4	2	1	36	1	15	47
28	1	1	9	11	57	52	4	8	1	35	1	15	47
29	1	1	9	11	52	19	4	6	1	36	1	15	47
30	1	1	10	11	51	39	3	55	1	37	1	15	47
31	1	1	10	11	55	27	3	35	1	37	1	15	47

JANUARY

D.M.		
2	2.0 A.M.	☽ Max. Dec. 19° N. 9′.
3	2.40 P.M.	⊕ in Perihelion.
6	7.36 A.M.	☿ in Aphelion.
8	8.7 A.M.	☽ in Apogee.
9	11.26 A.M.	☽ on Equator.
16	0.55 P.M.	☽ Max. Dec. 19° S. 7′.
20	1.54 A.M.	☽ in Perigee.
21	9.16 A.M.	☿ ☌ Sup. ☉.
22	5.21 P.M.	☽ on Equator.
29	9.37 A.M.	☽ Max. Dec. 19° N. 6′.

FEBRUARY

D.M.		
5	1.55 A.M.	☽ in Apogee.
5	7.34 P.M.	☽ on Equator.
12	11.56 P.M.	☽ Max. Dec. 19° S. 4′.
14	3.42 P.M.	☿ in ☊.
16	8.51 A.M.	☉ Total Eclipse.
17	8.47 A.M.	☽ in Perigee.
19	1.59 A.M.	☽ on Equator.
19	7.13 A.M.	☿ in Perihelion.
19	0.0 P.M.	☿ Gt. Elong. 18° E.
19	7.17 P.M.	♀ in ☊.
25	1.12 A.M.	♂ in Aphelion.
25	3.25 P.M.	☽ Max. Dec. 19° N. 4′.

MARCH

D.M.		
3	10.51 A.M.	☽ in Apogee.
4	2.5 A.M.	☽ on Equator.
6	5.39 A.M.	☿ Inf. ☌ ☉.
11	9.11 A.M.	☽ Max. Dec. 19° S. 6′.
16	8.30 P.M.	☽ in Perigee.
17	0.34 P.M.	☽ on Equator.
20	11.11 A.M.	☉ Enters ♈, *Equinox*.
23	9.27 P.M.	☽ Max. Dec. 19° N. 9′.
23	11.11 P.M.	☿ in ☋.
24	1.32 P.M.	♀ in Perihelion.
30	11.32 A.M.	☽ in Apogee.
31	8.2 A.M.	☽ on Equator.

APRIL

D.M.		
2	5.0 P.M.	☿ Gt. Elong. 28° W.
3	6.50 A.M.	☿ in Aphelion.
5	3.0 P.M.	♀ Gt. Elong. 46° E.
7	4.13 P.M.	☽ Max. Dec. 19° S. 16′.
13	11.41 P.M.	☽ on Equator.
14	7.29 A.M.	☽ in Perigee.
20	5.28 A.M.	☽ Max. Dec. 19° N. 21′.
26	7.50 P.M.	☽ in Apogee.
27	2.42 P.M.	☽ on Equator.

MAY

D.M.		
4	10.14 P.M.	☽ Max. Dec. 19° S. 29′.
9	3.0 A.M.	♀ at Gt. Brilliance.
11	9.39 A.M.	☽ on Equator.
12	0.58 P.M.	☽ in Perigee.
12	2.56 P.M.	☿ in ☊.
13	9.40 A.M.	☿ Sup. ☌ ☉.
17	6.27 A.M.	☿ in Perihelion.
17	3.30 P.M.	☽ Max. Dec. 19° N. 34′.
24	11.28 A.M.	☽ in Apogee.
24	10.42 P.M.	☽ on Equator.

JUNE

D.M.		
1	4.56 A.M.	☽ Max. Dec. 19° S. 39′.
7	5.36 P.M.	☽ on Equator.
9	3.33 A.M.	☽ in Perigee.
10	8.45 A.M.	♀ in ☋.
14	2.1 A.M.	☽ Max. Dec. 19° N. 41′.
14	2.0 P.M.	☿ Gt. Elong. 24° E.
15	7.30 A.M.	♀ Inf. ☌ ☉.
19	10.26 P.M.	☿ in ☋.
21	5.48 A.M.	☉ Enters ♋, *Solstice*.
21	6.35 A.M.	☽ in Apogee.
21	7.38 A.M.	☽ on Equator.
28	1.11 P.M.	☽ Max. Dec. 19° S. 42 .
30	6.6 A.M.	☿ in Aphelion.

JULY

D.M.		
4	4.18 P.M.	☽ in Perigee.
4	11.59 P.M.	☽ on Equator.
5	5.17 P.M.	⊕ in Aphelion.
11	11.19 A.M.	☽ Max. Dec. 19° N. 42′.
11	6.46 P.M.	☿ Inf. ☌ ☉.
15	0.19 A.M.	♀ in Aphelion.
18	4.29 P.M.	☽ on Equator.
19	0.13 A.M.	☽ in Apogee.
22	2.0 A.M.	♀ at Gt. Brilliance.
25	10.43 P.M.	☽ Max. Dec. 19° S. 40′.
30	10.47 P.M.	☽ in Perigee.

AUGUST

D.M.		
1	2.0 A.M.	☿ Gt. Elong. 19° W.
1	6.16 A.M.	☽ on Equator.
3	4.11 P.M.	♂ in ☊.
7	6.28 P.M.	☽ Max. Dec. 19° N. 39′.
8	2.12 P.M.	☿ in ☊.
10	7.9 P.M.	☉ Annular Eclipse.
13	5.44 A.M.	☿ in Perihelion.
15	0.17 A.M.	☽ on Equator.
15	6.7 P.M.	☽ in Apogee.
22	8.32 A.M.	☽ Max. Dec. 19° S. 39′.
24	7.0 P.M.	♀ Gt. Elong. 46° W.
26	11.53 A.M.	☿ Sup. ☌ ☉.
27	7.10 P.M.	☽ in Perigee.
28	2.3 P.M.	☽ on Equator.

SEPTEMBER

D.M.		
3	11.58 P.M.	☽ Max. Dec. 19° N. 41′.
11	6.52 A.M.	☽ on Equator.
12	8.45 A.M.	☽ in Apogee.
15	9.43 P.M.	☿ in ☋.
18	5.23 P.M.	☽ Max. Dec. 19° S. 45′.
22	9.10 P.M.	☉ Enters ♎, *Equinox*.
24	11.59 P.M.	☽ on Equator.
25	2.35 A.M.	☽ in Perigee.
26	5.22 A.M.	☿ in Aphelion.

OCTOBER

D.M.		
1	5.40 A.M.	☽ Max. Dec. 19° N. 50′.
1	0.10 P.M.	♀ in ☊.
8	0.52 P.M.	☽ on Equator.
9	3.3 P.M.	☽ in Apogee.
11	4.0 A.M.	☿ Gt. Elong. 25° E.
16	1.42 A.M.	☽ Max. Dec. 19° S. 58′.
22	11.17 A.M.	☽ on Equator.
23	2.0 P.M.	☽ in Perigee.
28	1.35 P.M.	☽ Max. Dec. 20° N. 4′.

NOVEMBER

D.M.		
3	9.32 A.M.	☿ Inf. ☌ ☉.
4	9.53 A.M.	♀ in Perihelion.
4	1.28 P.M.	☿ in ☊.
4	7.23 P.M.	☽ on Equator.
5	4.51 P.M.	☽ in Apogee.
9	5.0 A.M.	☿ in Perihelion.
12	6.0 A.M.	☽ Max. Dec. 20° S. 12′.
18	10.4 P.M.	☽ on Equator.
19	7.0 P.M.	☿ Gt. Elong. 20° W.
21	1.5 A.M.	☽ in Perigee.
25	0.10 A.M.	☽ Max. Dec. 20° N. 17′.

DECEMBER

D.M.		
2	3.7 A.M.	☽ on Equator.
3	4.10 A.M.	☽ in Apogee.
9	1.40 P.M.	☽ Max. Dec. 20° S. 21′.
12	8.59 P.M.	☿ in ☋.
16	6.34 A.M.	☽ on Equator.
19	5.22 A.M.	☽ in Perigee.
21	4.57 P.M.	☉ Enters ♑, *Solstice*.
22	11.43 A.M.	☽ Max. Dec. 20° N. 22′.
23	4.38 A.M.	☿ in Aphelion.
29	11.55 A.M.	☽ on Equator.
30	11.11 P.M.	☽ in Apogee.
31	10.5 A.M.	☿ Sup. ☌ ☉.

A COMPLETE ASPECTARIAN FOR 1980

Showing the approximate time when each Aspect is formed.

a.m. or *a* denotes morning; *p.m.* or *p* denotes afternoon.

NOTE:—Semi-quintile, or 36° apart, ⊥; Bi-quintile, or 144° ±; Quincunc or 150° ⊽.

☽ ☌ ● Eclipse of ☉. ☽ ☍ ☉ Eclipse of ☽. ⚫ Occultation by ☽.

JANUARY

1 Tu	☽ ⚼ ♀	6*am*32	b
	☽ □ ♄	7 0	B
	☽ ☍ ☿	9 55	B
	☽ P ♀	10 30	G
	☉ △ ♃	11 14	
	♀ ⚼ ♄	11 34	
2 W	☽ ⚼ ♅	5*am*19	b
	☽ ✶ ♃	7 18	G
	☽ ☍ ☉	9 2	B
	☿ ⊥ ♅	9 51	
	♀ P ♅	2*pm*11	
	☽ ✶ ♂	2 53	G
3 Th	☽ □ ♇	4*am*51	B
	☽ P ♅	4 53	B
	☽ △ ♅	9 38	G
	♀ ⊽ ♂	9 38	
	☽ P ♀	11 21	G
	☽ ∠ ♃	11 30	b
	☽ ✶ ♄	3*pm* 4	G
	☽ ∠ ♂	7 41	b
4 F	☽ ⚼ ♆	8*am*29	b
	☽ ⊻ ♃	4*pm*25	g
	☿ Q ♇	4 59	
	☽ ∠ ♄	8 8	b
5 S	☽ ⊻ ♂	1*am*11	g
	☽ ☍ ♀	5 7	B
	☽ ⚼ ☿	11 35	b
	☽ △ ♆	2*pm* 2	G
	☽ ✶ ♇	3 11	G
	☽ □ ♅	8 22	B
	☉ △ ♂	9 19	
6 Su	☽ ⊻ ♄	1*am*51	g
	☽ ⚼ ☉	8 8	b
	☽ ∠ ♇	9*pm*17	b
	☽ △ ☿	10 7	G
	♄ Stat.	11 0	
7 M	☽ P ♂	1*am*19	B
	☽ P ♃	2 26	G
	☽ ⚫ ♃	4 3	G
	☽ P ♇	0*pm*18	D
	☽ ☌ ♂	1 53	B
	☽ △ ☉	5 18	G
8 Tu	☽ □ ♆	2*am*41	B
	☽ ⊻ ♇	3 44	g
	☿ ∠ ♅	9 4	
	☽ ✶ ♅	9 13	G
	☽ ⚫ ♄	2*pm*34	B
	☽ P ♄	3 30	B
	☿ △ ♃	5 59	
	♀ ± ♄	7 37	
	♀ ✶ ♆	11 22	
9 W	♀ △ ♇	9*am* 6	
	☽ ⚼ ♀	10 23	b
	☽ ∠ ♅	3*pm*47	b
	☽ ⊻ ♃	4 47	g
	☽ □ ☿	8 22	B
10 Th	☽ ⊻ ♂	3*am*14	g
	☽ P ♄	7 19	B
	☽ □ ☉	11 50	B
	☽ ✶ ♆	3*pm*35	G
	☽ ☌ ♇	4 29	D
	☽ △ ♀	8 1	G
10	☽ ⊻ ♅	10*pm*1	g
	☽ ∠ ♃	10 46	b
11 F	☽ ⊻ ♄	3*am* 0	g
	☽ ∠ ♂	9 19	b
	☽ P ♇	10 8	D
	♀ □ ♅	4*pm*17	
	☽ P ♃	8 15	G
	☽ P ♂	8 37	B
	☽ ∠ ♆	9 17	b
	☉ P ♆	11 25	
12 S	☿ △ ♂	1*am*42	
	☽ ✶ ♃	4 4	G
	☽ ∠ ♄	8 17	b
	☉ ⊻ ♆	9 26	
	☽ ✶ ♂	2*pm*34	G
	☽ ✶ ☿	4 23	G
	☉ □ ♇	7 5	
13 Su	☽ ⊻ ♆	2*am* 7	g
	☽ ⊻ ♇	2 51	g
	☽ ✶ ☉	3 31	G
	☽ ☌ ♅	8 13	B
	☽ P ♀	10 34	G
	☽ □ ♀	0*pm*18	B
	☽ ✶ ♄	0 41	G
	♀ ⊽ ♄	4 20	
14 M	☽ ∠ ☿	0*am*30	b
	☽ ∠ ♇	6 38	b
	☽ ∠ ☉	9 37	b
	☽ □ ♃	11 58	B
	☽ □ ♂	10 *pm*7	B
15 Tu	☽ ⊻ ☿	7*am* 9	g
	☽ ☌ ♆	8 54	D
	☽ ✶ ♇	9 28	G
	☽ ⊻ ☉	2*pm*27	g
	☽ ⊻ ♅	2 37	g
	☉ ⚼ ♃	2 44	
	☽ P ♅	3 36	B
	☉ ✶ ♅	4 36	
	☽ □ ♄	6 33	B
	☿ ⊻ ♆	10 0	
	☽ ✶ ♀	11 30	G
16 W	☿ □ ♇	2*am*35	
	♂ Stat.	6 32	
	☽ △ ♃	4*pm*11	G
	☽ ∠ ♅	4 30	b
17 Th	☽ △ ♂	2*am* 0	G
	☽ ∠ ♀	3 27	b
	☽ P ♅	9 18	B
	☽ ⊻ ♆	0*pm*18	g
	☽ □ ♇	0 45	B
	☽ ☌ ☿	5 6	G
	☽ ⚼ ♃	5 14	b
	☽ ✶ ♅	5 44	G
	☿ ⚼ ♃	6 17	
	☉ △ ♄	9 2	
	☽ △ ♄	9 18	G
	☽ ☌ ☉	9 19	D
	☿ ✶ ♅	10 47	
18 F	☽ ⚼ ♂	2*am*57	b
	☽ ⊻ ♀	6 42	g
	☉ ⊥ ♆	11 31	
	☽ ∠ ♆	1*pm*10	b
	☽ ⚼ ♄	9 58	b
19	♀ Q ♆	1 *am*17	
19	☿ △ ♄	5*am*26	
	☽ ✶ ♆	1*pm*47	G
	☽ △ ♇	2 7	G
	☿ ⊥ ♆	3 17	
	☽ □ ♅	7 8	B
20 Su	☽ ⊻ ☿	0*am*38	g
	☽ ⊻ ☉	2 12	g
	☽ P ♀	6 18	G
	☽ ⚫ ♀	0*pm*15	G
	☽ ⚼ ♇	2 37	b
	☽ P ♂	4 34	B
	☽ P ♃	4 59	G
	☽ ☍ ♃	6 40	B
21 M	☽ P ♇	2*am*25	D
	☉ ⚼ ♂	2 26	
	☿ ⊥ ♀	4 5	
	☽ ∠ ☿	4 21	b
	☽ ☍ ♂	4 25	B
	☽ ∠ ☉	4 35	b
	☿ ⚼ ♂	5 1	
	☉ ☌ ☿	9 16	
	☽ □ ♆	3*pm* 1	B
	♀ ⚼ ♇	4 54	
	☽ △ ♅	8 26	G
	☉ ⊥ ♀	9 12	
	☽ ☍ ♄	11 35	B
	☿ P ♆	11 58	
22 Tu	☽ P ♄	0*am*17	B
	☽ ✶ ☉	7 14	G
	☽ ✶ ☿	8 23	G
	☽ ⊻ ♀	6*pm*20	g
	☽ ⚼ ♅	9 28	b
	☿ ± ♃	10 1	
23 W	☽ P ♄	10 *a* 42	B
	♀ ☍ ♃	1*pm* 6	
	♀ P ♂	1 44	
	☽ △ ♆	5 20	G
	☽ ☍ ♇	5 29	B
	♀ P ♃	8 13	
	☉ ± ♃	8 18	
	☽ ⚼ ♃	9 14	b
	☽ ∠ ♀	10 3	b
24 Th	☽ ⚼ ♂	7*am*25	b
	☽ P ♇	9 31	D
	☽ □ ☉	1*pm*59	B
	♇ Stat.	3 57	
	☽ P ♀	5 26	G
	☽ □ ☿	6 15	B
	☽ ⚼ ♆	7 9	b
	☽ P ♃	8 16	G
	☽ P ♂	9 24	B
	☽ △ ♃	10 55	G
25 F	☿ ∠ ♆	1*am*38	
	☽ ✶ ♀	2 26	G
	☽ ⚼ ♄	3 52	b
	☿ Q ♅	5 41	
	☽ △ ♂	9 16	G
26 S	☽ ☍ ♅	3*am*21	B
	☿ ± ♂	5 11	
	☿ ⊽ ♃	6 9	
	☽ △ ♄	6 16	G
	♆ ✶ ♇	3*pm*36	
	☉ P ♅	8 40	
	☽ △ ☉	11 17	G
27 Su	☽ ⚼ ♇	0*am*23	b
	☽ □ ♃	3 51	B
	☽ △ ☿	7 18	G
	♀ P ♇	9 34	
	☽ □ ♀	1*pm*17	B
	☉ ∠ ♆	2 23	
	☽ □ ♂	2 27	B
	☉ Q ♅	9 17	
	☿ ⚼ ♄	9 42	
28 M	♀ ☍ ♂	0*am*37	
	☽ △ ♇	3 48	G
	☽ ☍ ♆	3 53	B
	☽ ⚼ ☉	5 0	b
	☽ P ☉	5 18	G
	☽ □ ♄	0*pm*43	B
	☽ P ♅	2 0	B
	☽ ⚼ ☿	3 7	b
	☽ P ☿	4 43	G
	☿ P ♅	8 24	
29 Tu	☉ ± ♂	1*am*13	
	♀ ± ♇	2 57	
	☉ ⊽ ♃	6 4	
	☿ ⊽ ♂	9 26	
	☽ ✶ ♃	10 56	G
	☽ ⚼ ♅	2*pm* 7	b
	☽ ✶ ♂	9 41	G
30 W	☽ △ ♀	3*am* 7	G
	☽ P ♅	5 6	B
	☽ □ ♇	0*pm*15	B
	☽ ∠ ♃	3 18	b
	☉ P ☿	3 54	
	☽ △ ♅	6 49	G
	☽ ✶ ♄	9 23	G
31 Th	☽ ∠ ♂	2*am* 2	b
	☽ P ☉	4 13	G
	☽ P ☿	7 45	G
	☽ ⚼ ♀	11 8	b
	☽ ⚼ ♆	5*pm*38	b
	☽ ⊻ ♃	8 11	g

FEBRUARY

1 F	☽ ☍ ☉	2*am*21	B
	☽ ∠ ♄	2 32	b
	☉ ⚼ ♄	4 11	
	☽ ⊻ ♂	6 53	g
	☿ ⊻ ♀	6*pm*30	
	☽ ☍ ☿	7 58	B
	☿ ± ♄	9 54	
	☽ ✶ ♇	10 54	G
	☽ △ ♆	11 18	G
2 S	☽ □ ♅	5*am*51	B
	☽ ⊻ ♄	8 10	g
	☿ △ ♇	4*pm* 0	
	☿ ✶ ♆	7 0	
	☽ P ♂	11 46	B
	☉ ⊽ ♂	11 48	
3 Su	♀ ⊽ ♇	2*am*53	
	♂ Q ♅	3 14	
	☽ P ♃	4 23	G
	☽ ∠ ♇	4 56	b
	♀ □ ♆	6 49	
	☽ ⚫ ♃	7 22	G
	☽ ☌ ♂	5*pm*47	B
3	☽ P ♇	6*pm*52	D
4 M	♀ P ♄	4*am*15	
	☽ ⊻ ♇	11 17	g
	☽ □ ♆	11 51	B
	☽ ☍ ♀	3*pm* 4	B
	☿ □ ♅	4 0	
	☽ ✶ ♅	6 31	G
	☽ ⚫ ♄	8 31	B
	☽ P ♄	9 2	B
	☽ P ♀	11 48	G
5 Tu	☿ ⊽ ♄	5*am* 8	
	☽ ⚼ ☉	5 12	b
	☽ ⊻ ♃	7*pm*41	g
6 W	☽ ∠ ♅	1*am* 4	b
	♀ △ ♅	1 38	
	☽ ⊻ ♂	5 27	g
	☽ ⚼ ☿	6 48	b
	☽ P ♀	10 32	G
	☽ △ ☉	2*pm*31	G
	☽ P ♄	6 19	B
	♀ ☍ ♄	6 54	
7 Th	☽ ☌ ♇	0*am* 9	D
	☽ ✶ ♆	0 52	G
	☽ ∠ ♃	1 46	b
	☽ ⊻ ♅	7 26	g
	☽ ⊻ ♄	9 3	g
	☽ ∠ ♂	11 2	b
	☽ △ ☿	6*pm*14	G
	☽ P ♇	8 20	D
8 F	☽ ∠ ♆	6*am*55	b
	☽ ✶ ♃	7 27	G
	☽ P ♃	0*pm* 7	G
	☽ ∠ ♄	2 45	b
	☽ ✶ ♂	4 8	G
	☽ ⚼ ♀	7 43	b
	☽ P ♂	8 8	B
	☽ P ☿	10 43	G
9 S	☽ □ ☉	7*am*35	B
	☿ P ♂	7 41	
	☽ ⊻ ♇	11 27	g
	☽ ⊻ ♆	0*pm*18	g
	☉ ± ♄	3 20	
	☿ Q ♆	5 51	
	☽ ☌ ♅	6 32	B
	☽ ✶ ♄	7 44	G
10 Su	☽ P ☉	0*am*39	G
	☽ △ ♀	3 41	G
	☽ □ ☿	1*pm*46	B
	☽ ∠ ♇	3 54	b
	☽ □ ♃	4 39	B
	☿ P ♃	5 18	
11 M	☽ □ ♂	0*am* 2	B
	☿ ⚼ ♇	6 13	
	☉ △ ♇	6 35	
	☿ ☍ ♃	10 48	
	☉ ✶ ♆	6*pm*40	
	☽ ✶ ♇	7 22	G
	☽ ☌ ♆	8 18	D
	☽ ✶ ☉	8 26	G
12 Tu	☽ ⊻ ♅	2*am* 6	g
	☽ □ ♄	2 54	B
	☽ P ♅	8 57	B
	☽ □ ♀	3*pm*45	B
	☽ △ ♃	10 7	G

FEB.—*contd.*

13	☽∠☉	0am59	b
W	☽✶☿	3 5	G
	☽△♂	4 12	G
	☽∠♅	4 23	b
	☿☍♂	11 30	
	☽P♅	2pm27	B
	☿P♇	5 50	
	☽□♇	11 26	B
	☽⚼♃	11 29	b
14	☽⚺♆	0am25	g
Th	☽⚺☉	4 24	g
	☽⚼♂	4 59	b
	♃∠♇	5 29	
	☽✶♅	5 47	G
	☽△♄	6 17	G
	☽∠☿	7 31	b
	☽✶♀	11pm2	G
15	☉□♅	0am34	
F	☽∠♆	1 16	b
	☉▽♄	5 49	
	☽⚼♄	6 51	b
	☽⚺☿	10 51	g
	♀▽♃	11 14	
16	☽△♇	0am31	G
S	☽∠♀	1 25	b
	☽✶♆	1 34	G
	☽□♅	6 42	B
	☽P☉	7 23	G
	☽☌●	8 51	D
	☽P♂	10 0	B
	☽P♃	8pm34	G
	☽☍♃	11 57	B
17	☽⚼♇	0am27	b
Su	☽⚺♀	3 24	g
	☽☍♂	4 6	B
	☉P♂	4 28	
	☿±♇	7 15	
	♀▽♂	10 26	
	☽P♇	10 48	D
	☽☌☿	3pm26	G
18	☽□♆	1am27	B
M	♄✶♅	3 8	
	☽P☿	3 36	G
	☽P♄	6 27	B
	☽☍♄	6 32	B
	☽△♅	6 33	G
	☽P♀	7 12	G
	☽⚺☉	0pm 6	g
	♀P♄	2 33	
	☿P♀	7 51	
	♀⚼♅	9 15	
	☿P♄	11 37	
19	☽⚼♅	6am40	b
Tu	☽☌♀	7 28	G
	☽∠☉	2pm 4	b
	☽P☿	7 16	G
	☽⚺☿	7 27	g
	☽P♄	10 1	B
	☽⚼♃	11 35	b
20	☽☍♇	0am40	B
W	♀±♃	1 34	
	☽P♀	1 45	G
	☽△♆	1 58	G
	☽⚼♂	2 41	b
	☽✶☉	4pm36	G
	☽P♇	6 29	D
	☽∠☿	9 53	b
21	☽△♃	0am16	G
	☽⚼♆	2am58	b
	☽△♂	3 0	G
	♀±♂	7 1	
	☽⚼♄	7 54	b
	☽P♃	10 52	G
	☽P☉	11 42	G
	☽⚺♀	1pm37	g
	☉P♃	7 28	
22	☽✶☿	0am49	G
F	☽P♂	2 40	B
	☽△♄	9 36	G
	☽☍♅	10 10	B
	☽∠♀	6pm 4	b
23	☽□☉	0am15	B
S	☽□♃	3 45	B
	☽⚼♇	5 36	b
	☽□♂	5 41	B
	♂∠♇	8 38	
	☉Q♆	9pm34	
	☽✶♀	11 33	G
24	☽□☿	8am21	B
Su	☽△♇	8 49	G
	☽☍♆	10 31	B
	☽□♄	3pm23	B
	☉☍♃	6 2	
25	☽P♅	0am24	B
M	☉☍♂	5 44	
	☽✶♃	10 23	G
	☽✶♂	11 18	G
	☽△☉	11 58	G
	☿▽♇	3pm16	
	☽⚼♅	8 34	b
	☉⚼♇	10 26	
26	☿Stat.	1am38	
Tu	☽P♅	6 39	B
	♀P♇	7 24	
	☽□♀	1pm41	B
	☽∠♃	2 47	b
	☽∠♂	3 8	b
	♀±♅	3 39	
	☿▽♇	4 58	
	☽△☿	5 32	G
	☽□♇	5 33	B
	☽⚼☉	7 16	b
27	☽✶♄	0am12	G
W	♀⚼♃	0 30	
	☽△♅	1 31	G
	♀⚼♂	1 42	
	♂☌♃	7 30	
	☉P♀	1pm 1	
	☽⚺♂	7 32	g
	☽⚺♃	7 48	g
	☽⚼☿	10 25	b
28	☽⚼♆	0am56	b
Th	☿⚺♀	1 17	
	☽∠♄	5 31	b
	♀☍♇	6 37	
29	☽P♂	2am 3	B
F	☉P♇	2 11	
	☽✶♇	4 40	G
	♀△♆	4 59	
	♅Stat.	6 31	
	☽△♆	6 51	G
	☽△♀	7 3	G
	☽⚺♄	11 15	g
	☽□♅	0pm59	B

MARCH

1	☽P♃	1am29	G
1	☽☌♂	5am34	B
	☽◖♃	7 6	G
	☽P♀	9 31	G
	☽∠♇	10 48	b
	☽⚼♀	4pm29	b
	☽☍☉	9 0	B
	☽P♇	11 12	D
2	♀▽♄	0am34	
Su	☽P☉	4 44	G
	☽☍☿	0pm47	B
	☿⊥♀	1 24	
	☽⚺♇	5 9	g
	☽□♆	7 32	B
	♀▽♅	9 8	
	☽P♄	10 43	B
	☽◖♄	11 32	B
3	☽✶♅	1am40	G
M	☽⚺♂	4pm30	g
	☽P☿	6 6	G
	☽⚺♃	7 17	g
	♀P♃	10 53	
4	☽∠♅	8am 7	b
Tu	☽P☿	11 33	G
	☽∠♂	9pm59	b
5	☽∠♃	1am22	b
W	☽P♄	5 52	B
	☽☌♇	5 54	D
	☽✶♆	8 26	G
	☽⚺♄	11 58	g
	☽⚺♅	2pm27	g
	☽P☉	2 44	G
	☉±♇	5 45	
	☽☍♀	9 20	B
6	☽⚼☉	0am35	b
Th	☽⚼☿	1 22	b
	☽✶♂	3 18	G
	☽P♇	5 10	D
	☉☌☿	5 39	
	☽✶♃	7 14	G
	☽∠♆	2pm33	b
	☽∠♄	5 49	b
	☿±♇	8 57	
	☿∠♀	9 41	
	♀±♄	11 20	
7	☽P♃	4am29	G
F	☽△☿	4 56	G
	☽△☉	9 8	G
	☽P♀	5pm 2	G
	☽⚺♇	5 37	g
	☽⚺♆	8 14	g
	♀△♂	10 47	
	☽✶♄	11 14	G
8	☽☌♅	1am59	B
S	☽P♂	10 3	B
	☽□♂	0pm47	B
	☽□♃	5 36	B
	☉P♄	9 8	
	☽∠♇	10 39	b
9	☽□☿	10 a 44	B
Su	♀△♃	9pm10	
	☽⚼♀	9 50	b
	☽□☉	11 49	B
10	☉P☿	1am51	
M	☽✶♇	2 52	G
	☽☌♆	5 28	D
	☽□♄	7 55	B
	☽⚺♅	10 51	g
	☽P♅	5pm 0	B
	☽△♂	7 38	G
11	☽△♃	1am 5	G
11	☿P♄	3am51	
	☽△♀	3 54	G
	☽∠♅	1pm55	b
	☽✶☿	2 15	G
	☉▽♇	2 40	
	☽⚼♂	9 50	b
12	☽P♅	1am 3	B
W	☽⚼♃	3 27	b
	☽□♇	8 36	B
	☽✶☉	10 1	G
	☽⚺♆	11 10	g
	☽△♄	1pm 6	G
	☽∠☿	3 4	b
	☽✶♅	4 4	G
	♀P♂	11 38	
13	☉□♆	1am51	
Th	☽□♀	0pm25	B
	☽∠♆	0 38	b
	☽∠☉	1 25	b
	☽⚼♄	2 21	b
	♀⚼♆	3 15	
	☽⚺☿	3 16	g
	☽P♀	7 48	G
	☽P♂	10 18	B
14	☉☍♄	2am 3	
F	☽△♇	10 49	G
	♀⚼♄	0pm18	
	☽✶♆	1 19	G
	☿✶♀	2 9	
	☽⚺☉	3 51	g
	☽□♅	5 53	B
	☽☍♂	11 41	B
15	☽P♃	0am20	G
S	☽☍♃	5 43	B
	☽⚼♇	10 55	b
	☽☌☿	2pm19	G
	☽✶♀	5 1	G
	☽P♇	8 12	D
	☉△♅	9 42	
16	☽P☿	3am 9	G
Su	☽□♆	1pm 9	B
	☽P♄	1 15	B
	☽☍♄	2 23	B
	☽△♅	5 32	G
	☽∠♀	6 32	b
	☽☌☉	6 56	D
17	☽P☉	6am29	G
M	☽⚺☿	0pm41	g
	☽⚼♅	5 7	b
	☽P☉	5 44	G
	☽⚺♀	7 59	g
	☽⚼♂	9 37	b
18	☽⚼♃	4am19	b
Tu	☽☍♇	9 52	B
	☽∠☿	0pm10	b
	☽P♄	0 20	B
	☽△♆	0 30	G
	☉▽♂	1 51	
	☽△♂	9 6	G
	☽⚺☉	9 45	g
19	☽P☿	3am 8	G
W	☽△♃	4 7	G
	☽P♇	5 38	D
	☉∠♀	7 51	
	☽✶☿	0pm12	G
	☽⚼♆	0 38	b
	☽⚼♄	1 31	b
	☿Stat.	2 4	
	☽∠☉	11 52	b
	☽☌♀	11 58	G
20	☽P♃	3am 6	G
Th	☽△♄	2pm11	G
	☽☍♅	5 59	B
	☽□♂	9 43	B
21	☽✶☉	2am56	G
F	☽□♃	5 34	B
	☽P♂	8 24	B
	♀P♅	11 23	
	☽⚼♇	11 59	b
	☽□☿	2pm55	B
	☿P♇	5 16	
	♀±♆	10 28	
22	☽⚺♀	7am35	g
S	☉▽♃	0pm57	
	☽△♇	2 25	G
	☽☍♆	5 37	B
	☽□♄	6 8	B
23	☽✶♂	1am45	G
Su	☽P♅	1 54	B
	☽✶♃	10 34	G
	☽□☉	0pm32	B
	☽∠♀	1 12	b
	☉±♂	1 37	
	☽△☿	10 20	G
24	☽⚼♅	2am 9	b
M	☽∠♂	5 16	b
	☽∠♃	2pm34	b
	♆Stat.	5 22	
	☽P♅	5 39	B
	☽✶♀	8 7	G
	☽□♇	10 13	B
25	☽✶♄	1am57	G
Tu	☽⚼☿	3 59	b
	☽△♅	6 49	G
	☽⚺♂	9 41	g
	☽⚺♃	7pm25	g
	♀▽♇	8 24	
26	☽△☉	3am 2	G
W	☽⚼♆	7 7	b
	☽∠♄	7 9	b
	♄□♆	0pm34	
	☽P♂	1 44	B
	☿Q♀	2 21	
27	☽✶♇	9am17	G
Th	☽⚼☉	11 38	b
	☽□♀	0pm54	B
	☽⚺♄	0 56	g
	☽△♆	1 5	G
	♀△♄	1 18	
	♀▽♆	2 59	
	☽□♅	6 16	B
	☽☌♂	8 40	B
	☽P♃	11 26	G
28	☉±♃	1am54	
F	☽◖♃	6 58	G
	☿P♇	1pm18	
	☽∠♇	3 31	b
29	☽☍☿	2am48	B
S	☽P♇	3 3	D
	☽P☿	3 33	G
	☽⚺♇	9pm56	g
	☽P♄	11 26	B
30	☽◖♄	1am24	B
Su	♀☍♅	1 25	
	☽□♆	1 55	B
	♀P♆	2 17	
	☽✶♅	7 2	G
	☽△♀	7 34	G
	☽P☉	8 0	G
	☽⚺♂	9 3	g

MARCH—contd.

30	☉ ⚼ ♅	5pm41	
	☽ ⊻ ♃	7 30	g
	♀ □ ♂	11 23	
31	♀ ± ♇	0pm14	
M	☽ ∠ ♅	1 24	b
	☽ ☍ ☉	3 14	B
	☽ ∠ ♂	3 16	b
	☉ ⚼ ♂	3 36	
	☽ ⚼ ♀	4 52	b

APRIL

1	☽ ∠ ♃	1am40	b
Tu	☽ ☌ ♇	10 35	D
	☽ P ☉	1pm18	G
	☽ ⊻ ♄	1 47	g
	☽ ✶ ♆	2 38	G
	☽ P ♄	4 55	B
	☽ ⊻ ♅	7 34	g
	☽ ✶ ♂	9 20	G
	☿ ± ♇	11 45	
2	☽ ⚼ ☿	5am 2	b
W	☽ P ☿	6 48	G
	☽ ✶ ♃	7 37	G
	☽ P ♇	0pm53	D
	☽ ∠ ♄	7 36	b
	☽ ∠ ♆	8 37	b
3	☉ P ♄	3am32	
Th	☽ △ ☿	1pm32	G
	☽ P ♃	4 55	G
	☽ ⊻ ♇	10 9	g
4	☽ ✶ ♄	1am 4	G
F	☽ ⊻ ♆	2 14	g
	☽ ☌ ♅	6 55	B
	☽ □ ♂	8 35	B
	☽ ⚼ ☉	4pm41	b
	☽ ☍ ♀	6 23	B
	☽ □ ♃	6 26	B
	♀ □ ♃	6 59	
	☽ P ♂	11 4	B
5	☽ ∠ ♇	3am18	b
S	☉ ⚼ ♃	1pm25	
	☉ P ☿	8 39	
6	☽ △ ☉	0am 1	G
Su	☽ □ ☿	5 12	B
	☽ ✶ ♇	7 54	G
	♂ Stat.	8 35	
	☽ □ ♄	10 31	B
	☽ ☌ ♆	11 55	D
	☽ P ♅	3pm28	B
	☽ ⊻ ♅	4 19	g
	☽ △ ♂	6 0	G
7	☽ △ ♃	3am13	G
M	☿ ⊼ ♇	9 53	
	☽ ∠ ♅	8pm 3	b
	☽ ⚼ ♂	9 46	b
8	☿ P ♄	5am33	
Tu	☽ ⚼ ♃	6 35	b
	☿ ☍ ♄	11 19	
	☽ □ ☉	0pm 7	B
	☽ ⚼ ♀	1 35	b
	☉ ± ♅	2 57	
	☽ □ ♇	3 2	B
	☽ P ♅	4 38	B
	☽ △ ♄	5 21	G
	☽ ✶ ☿	6 0	G
	☽ ⊻ ♆	6 55	g
	☽ ✶ ♅	11 1	G
9	☿ □ ♆	3am54	
	♀ ⚼ ♇	9am28	
	☽ △ ♀	6pm 2	G
	☽ ⚼ ♄	7 37	b
	☽ ∠ ♆	9 14	b
	☽ ∠ ☿	11 0	b
10	☉ ☍ ♇	3am 3	
Th	☽ P ♂	7 8	B
	☽ △ ♇	7pm 2	G
	☽ ✶ ☉	8 15	G
	☿ △ ♅	9 47	
	☿ Q ♀	9 48	
	☽ ✶ ♆	10 46	G
11	☽ □ ♅	2am32	B
F	☽ ⊻ ☿	3 1	g
	☽ ☍ ♂	4 29	B
	☽ P ♃	5 59	G
	☉ ⊼ ♄	7 45	
	☉ P ♇	0pm 1	
	☽ ☍ ♃	0 5	B
	☿ ⊼ ♂	7 30	
	☽ ⚼ ♇	7 55	b
	☽ ∠ ☉	10 57	b
12	☽ □ ♀	0am 3	B
S	☽ P ☉	4 2	G
	☽ P ♇	5 20	D
	☉ △ ♆	8 27	
	☽ P ♄	8pm27	B
	☽ ☍ ♄	10 3	B
	☽ □ ♆	11 50	B
13	☽ ⊻ ☉	0am55	g
Su	☽ △ ♅	3 20	G
	☽ ● ☿	8 45	G
	☽ P ☿	8 50	G
14	☽ ⚼ ♅	3am 7	b
M	☽ ✶ ♀	3 16	G
	☽ ⚼ ♂	5 29	b
	☽ P ☿	11 34	G
	☽ ⚼ ♃	0pm10	b
	☉ ⊼ ♅	0 59	
	☽ ☍ ♇	7 46	B
	☿ ⊼ ♃	11 21	
	☽ △ ♆	11 23	G
15	☽ P ♄	2am59	B
Tu	☽ ☌ ☉	3 46	D
	☽ ∠ ♀	4 30	b
	☽ △ ♂	5 23	G
	☽ △ ♃	11 51	G
	☽ ⊻ ☿	1pm13	g
	☽ P ♇	5 48	D
	☽ ⚼ ♄	9 13	b
	☽ ⚼ ♆	11 13	b
16	☽ P ☉	2am44	G
W	☽ ⊻ ♀	5 55	g
	☉ △ ♂	7 18	
	☿ ± ♂	8 32	
	☽ ∠ ☿	3pm55	b
	☽ P ♃	4 56	G
	☽ △ ♄	9 19	G
17	☉ ± ♄	2am21	
Th	☽ ☍ ♅	2 52	B
	☽ □ ♂	6 2	B
	☽ ⊻ ☉	7 29	g
	☽ P ♂	10 52	B
	☽ □ ♃	0pm18	B
	☽ ✶ ☿	7 27	G
	☽ ⚼ ♇	8 21	b
18	☽ ∠ ☉	10 a 28	b
F	☽ ☌ ♀	10 40	G
	☿ ± ♃	9pm44	
	☽ △ ♇	9 53	G
	☽ ⚼ ♄	11 p 34	B
19	☽ P ♅	1am51	B
S	☽ ☍ ♆	1 59	B
	☉ ∠ ♀	7 28	
	☽ ✶ ♂	9 38	G
	☽ ✶ ☉	2pm39	G
	☽ ✶ ♃	3 46	G
	♀ Q ♂	10 55	
20	☉ △ ♃	5am44	
Su	☽ □ ☿	6 31	B
	☽ ⚼ ♅	8 25	b
	☽ ∠ ♂	1pm 1	b
	☽ ∠ ♃	7 4	b
	☽ ⊻ ♀	7 46	g
	☿ ⚼ ♅	9 51	
21	☽ □ ♇	4am 2	B
M	☽ ✶ ♄	5 46	G
	☽ P ♅	10 35	B
	☽ △ ♅	0pm18	G
	☽ ⊻ ♂	5 34	g
	☽ ⊻ ♃	11 24	g
22	☽ ∠ ♀	2am12	b
Tu	☽ □ ☉	3 1	B
	☽ ∠ ♄	10 24	b
	☽ ⚼ ♆	1pm21	b
	☿ ⚼ ♂	4 19	
23	☽ △ ☿	0am 6	G
W	☉ P ♃	2 57	
	☽ ✶ ♀	9 43	G
	☽ P ♂	11 17	B
	☽ ✶ ♇	2pm11	G
	☽ ⊻ ♄	3 55	g
	☽ △ ♆	7 1	G
	☽ □ ♅	10 54	B
	♀ Q ♃	11 45	
24	☽ P ☉	1am25	G
Th	☽ P ♃	3 51	G
	☽ ☌ ♂	5 32	B
	☿ ⚼ ♃	8 58	
	☽ ● ♃	10 42	G
	☽ ⚼ ☿	11 0	b
	☽ △ ☉	7pm52	G
	☽ ∠ ♇	8 18	b
25	☽ P ♇	8am24	D
F	☉ ⚼ ♄	8pm58	
26	☽ P ♄	2am31	B
S	☽ □ ♀	2 36	B
	☽ ⊻ ♇	2 44	g
	☿ ± ♅	3 13	
	☽ ● ♄	4 24	B
	♀ △ ♇	4 28	
	☽ ⚼ ☉	5 6	b
	☽ P ☿	6 41	G
	☽ □ ♆	7 42	B
	♃ Stat.	8 50	
	☽ ✶ ♅	11 32	G
	☽ ⊻ ♂	7pm31	g
	☽ ⊻ ♃	11 39	g
27	☿ ☍ ♇	1am19	
Su	☿ P ♄	4 14	
	♀ □ ♄	5 20	
	☿ ⊼ ♄	11 55	
	☉ ⚼ ♆	0pm12	
	☿ ✶ ♀	4 45	
	☽ ∠ ♅	5 54	b
	☉ P ♂	8 37	
28	☽ ∠ ♂	2am30	b
M	☽ ∠ ♃	6 2	b
	☿ △ ♆	9 39	
	☽ ☌ ♇	3pm22	D
	☽ ⊻ ♄	4pm57	g
	☽ △ ♀	7 23	G
	☽ ✶ ♆	8 19	G
	☽ ☍ ☿	10 16	B
	☽ ⊻ ♅	11 59	g
29	☽ P ♄	2am49	B
Tu	☽ ✶ ♂	9 10	G
	☿ ⊼ ♅	9 14	
	♀ ☍ ♆	10 37	
	☽ ✶ ♃	0pm 6	G
	☽ P ☿	2 30	G
	☽ P ♇	8 30	D
	☽ ∠ ♄	10 45	b
30	☽ ∠ ♆	2am 7	b
W	☽ ⚼ ♀	3 6	b
	☽ ☍ ☉	7 35	B
	☿ ± ♄	4pm21	
	☿ P ♇	6 46	
	☽ P ♃	11 52	G

MAY

1	☽ ⊻ ♇	2am38	g
Th	☽ ✶ ♄	4 6	G
	☽ ⊻ ♆	7 28	g
	☽ P ♂	8 51	B
	☽ ☌ ♅	10 56	B
	☽ □ ♂	9pm13	B
	☽ □ ♃	10 55	B
	♀ ⊼ ♅	10 59	
	☽ P ☉	11 11	G
2	☿ △ ♂	4am37	
F	☽ ∠ ♇	7 34	b
	☿ △ ♃	2pm39	
3	☽ ⚼ ☿	5am59	b
S	☽ ✶ ♇	0pm 3	G
	☽ P ♅	0 31	B
	☽ □ ♄	1 26	B
	☽ ☌ ♆	4 45	D
	☽ ⊻ ♅	8 0	g
	☽ ☍ ♀	10 32	B
4	☽ ⚼ ☉	5am 9	b
Su	☽ △ ♂	7 20	G
	☽ △ ♃	7 52	G
	☽ △ ☿	3pm14	G
	☽ ∠ ♅	11 49	b
5	☿ ⚼ ♄	4am56	
M	♂ ☌ ♃	9 49	
	☽ △ ☉	11 6	G
	☽ ⚼ ♃	11 36	b
	☽ ⚼ ♂	11 38	b
	☿ P ♃	1pm53	
	☽ □ ♇	7 29	B
	☽ △ ♄	8 48	G
6	☽ ⊻ ♆	0am 4	g
Tu	☿ ⚼ ♆	1 51	
	☽ ✶ ♅	3 5	G
	☿ P ♂	6 52	
	☽ P ♅	7 33	B
	☉ ± ♆	2pm44	
	☽ ⚼ ♄	11 42	b
7	☽ ∠ ♆	2am52	b
W	☽ P ☉	3 56	G
	☽ □ ☿	7 23	B
	☽ ⚼ ♀	0pm 6	b
	☽ □ ☉	8 50	B
8	☽ P ☿	0am38	G
Th	☽ △ ♇	0 44	G
	☽ ✶ ♆	5 5	G
	☽ □ ♅	7 55	B
	☽ P ♂	0pm45	B
	☽ P ♃	2 47	G
	☽ △ ♀	3 10	G
	☽ ☍ ♃	7 22	B
	☽ ☍ ♂	8 56	B
	☿ ∠ ♀	10 46	
9	☽ ⚼ ♇	2am26	b
F	☽ P ♇	1pm19	D
	☽ ✶ ☿	8 1	G
10	☉ ⊼ ♇	2am57	
S	☽ ✶ ☉	3 37	G
	☽ P ♄	3 48	B
	☽ ☍ ♄	4 46	B
	☽ □ ♆	7 46	B
	☿ ± ♆	7 59	
	☽ △ ♅	10 24	G
	☽ □ ♀	7pm15	B
	☉ △ ♄	8 28	
11	♂ P ♃	0am 8	
Su	☽ ∠ ☿	1 6	b
	☽ ∠ ☉	6 3	b
	☽ ⚼ ♅	10 55	b
	☽ ⚼ ♃	10 p 10	b
	☿ ⊼ ♇	10 12	
12	♀ ± ♅	0am56	
M	☽ ⚼ ♂	1 4	b
	☽ ☍ ♇	4 33	B
	☽ ⊻ ☿	5 39	g
	☿ △ ♄	6 12	
	☽ ⊻ ☉	8 5	g
	☽ △ ♆	8 38	G
	☽ P ♄	3pm 8	B
	☉ ⊼ ♆	4 28	
	☽ ✶ ♀	9 25	G
	☽ △ ♃	10 28	G
13	☽ △ ♂	1am50	G
Tu	☿ ⊼ ♆	1 57	
	☉ P ☿	3 11	
	☿ P ♅	3 12	
	☉ P ♅	3 13	
	☽ P ♇	5 10	D
	☽ ⚼ ♄	5 54	b
	☽ ⚼ ♆	8 48	b
	☉ ☌ ☿	9 40	
	☿ ☍ ♅	6pm33	
	☽ ∠ ♀	10 19	b
	☽ P ♂	11 41	B
14	☽ P ♃	2am 2	G
W	☿ ⊥ ♀	4 54	
	☉ ☍ ♅	5 17	
	☽ △ ♄	6 11	G
	☽ ☍ ♅	11 33	B
	☽ ☌ ☉	0pm 0	D
	☽ ☌ ☿	2 35	G
	☿ ± ♇	3 40	
	♀ ✶ ♃	8 40	
	☽ □ ♃	11 23	B
	☽ ⊻ ♀	11 27	g
15	☽ □ ♂	3am51	B
Th	☽ ⚼ ♇	5 34	b
	☉ ⊥ ♀	6pm45	
16	☉ ± ♇	4am42	
F	☽ P ♅	4 56	B
	☽ △ ♇	6 43	G
	☽ □ ♄	8 1	B
	☽ ☍ ♆	11 2	B
	☽ ⊻ ☉	5pm57	g
	☽ P ☉	11 9	G
17	☽ ⊻ ☿	2am21	g
S	☽ ✶ ♃	2 26	G

MAY—contd.

17	☿ □ ♃	2am54	
	☽ ☌ ♀	3 28	G
	☽ ✶ ♂	8 19	G
	☿ ⊻ ♀	10 15	
	☽ ⚼ ♅	3pm44	b
	♂ ∠ ♇	9 30	
	☽ ∠ ☉	10 23	b
	☽ P ☉	10 28	G
18	☽ ∠ ♃	5am18	b
𝔖	☿ P ♆	7 16	
	☽ ∠ ☿	10 21	b
	☽ □ ♇	11 36	B
	☽ ∠ ♂	0pm 1	b
	☽ ✶ ♄	1 3	G
	☿ ⚼ ♇	5 58	
	☽ △ ♅	6 53	G
	☿ □ ♂	10 23	
19	☽ ✶ ☉	4am 8	G
M	☽ P ♅	4 9	B
	☽ ⊻ ♃	9 13	g
	☽ ⊻ ♀	11 5	g
	☽ ⊻ ♂	4pm55	g
	☽ ∠ ♄	5 7	b
	☽ ✶ ☿	8 3	G
	☽ ⚼ ♆	8 22	b
20	☽ ∠ ♀	4pm22	b
Tu	☽ ✶ ♇	8 31	G
	☽ ⊻ ♄	10 8	g
21	☽ △ ♆	1am27	G
W	☽ □ ♅	4 11	B
	☽ P ♃	4pm 9	G
	☽ □ ☉	7 17	B
	☽ ● ♃	7 58	G
	☽ ✶ ♀	10 24	G
22	☽ ∠ ♇	2am15	b
Th	☽ P ♂	2 56	B
	☉ □ ♃	4 32	
	☽ ● ♂	5 42	B
	♄ Stat.	11 49	
	☽ P ♇	4pm16	D
	☽ □ ☿	7 41	B
23	☽ ⊻ ♇	8am30	g
F	☽ P ♄	9 52	B
	☽ ● ♄	10 16	B
	☉ ⊻ ♀	1pm26	
	☽ □ ♆	1 34	B
	☽ ✶ ♅	4 18	G
24	☽ ⊻ ♃	9am 3	g
S	☽ □ ♀	11 26	B
	☽ △ ☉	1pm19	G
	☽ ⊻ ♂	8 36	g
	♀ Stat.	8 59	
	☽ ∠ ♅	10 39	b
25	☉ ⚼ ♇	8am47	
𝔖	☽ ∠ ♃	3pm37	b
	☽ △ ☿	8 46	G
	☽ ☌ ♇	9 11	D
	☽ ⚼ ☉	10 17	b
	☽ ⊻ ♄	11 3	g
	☿ △ ♇	11 17	
26	☽ ✶ ♆	2am 9	G
M	☿ Q ♃	2 42	
	☽ ∠ ♂	3 54	b
	☽ ⊻ ♅	4 46	g
	☿ □ ♄	10 54	
	☽ P ♄	11 10	B
	☽ ✶ ♃	9pm49	G
	☽ △ ♀	11 34	G
27	☽ P ♇	4am33	D
Tu	☽ ∠ ♄	4 56	b
	☿ ☍ ♆	6 9	
	☽ ∠ ♆	7 55	b
	☽ ⚼ ☿	8 15	b
	☽ ✶ ♂	10 44	G
	☽ P ♂	11 18	B
	☿ ∇ ♅	10 p 26	
28	☽ P ♃	2am40	G
W	☽ ⚼ ♀	4 44	b
	☽ ⊻ ♇	8 22	g
	☽ ✶ ♄	10 17	G
	☽ ⊻ ♆	1pm 8	g
	☽ ☌ ♅	3 34	B
29	☽ □ ♃	8am35	B
Th	☽ ∠ ♇	1pm 6	b
	☽ ☍ ☉	9 28	B
	☽ □ ♂	10 31	B
30	☉ P ♆	1am45	
F	☿ Q ♂	9 13	
	♀ ✶ ♃	11 45	
	☽ P ♅	1pm 0	B
	☽ ✶ ♇	5 16	G
	☽ ⚼ ♄	7 13	B
	☽ ☌ ♆	9 47	D
	☉ □ ♂	9 58	
	☿ P ♀	11 28	
31	☽ ⊻ ♅	0am 5	g
S	☿ ± ♅	5 49	
	☽ ☍ ☿	11 57	B
	☽ ☍ ♀	4pm16	B
	☽ △ ♃	5 1	G

JUNE

1	☽ ∠ ♅	3am33	b
𝔖	☽ △ ♂	7 55	G
	☿ ☌ ♀	5pm35	
	☽ ⚼ ♃	8 31	b
2	☽ □ ♇	0am 6	B
M	♂ P ♇	1 17	
	☽ △ ♄	2 7	G
	☽ ⊻ ♆	4 25	g
	☽ ✶ ♅	6 35	G
	☿ ✶ ♃	6 50	
	☽ ⚼ ♂	11 53	b
	♂ Q ♅	1pm56	
	☽ ⚼ ☉	2 28	b
	☽ P ♅	8 15	B
3	☽ ⚼ ♄	4am55	b
Tu	☽ ∠ ♆	7 6	b
	☽ △ ☉	7pm 4	G
	☽ ⚼ ♀	10 58	b
4	☽ △ ♇	5am15	G
W	☽ ⚼ ☿	7 24	b
	☽ ✶ ♆	9 25	G
	☽ □ ♅	11 29	B
5	☽ △ ♀	0am20	G
Th	☽ P ♃	3 1	G
	☽ ☍ ♃	4 32	B
	♀ Q ♂	7 2	
	☽ ⚼ ♇	7 17	b
	☽ △ ☿	0pm30	G
	☽ P ♇	8 26	D
	☿ ⚼ ♅	8 42	
	☽ ☍ ♂	9 14	B
6	☽ P ♂	0am37	B
F	☽ □ ☉	2 53	B
	☿ Q ♄	9 19	
	☽ ☍ ♄	11 7	B
6	☽ P ♄	11 a 43	B
	☽ □ ♆	0pm56	B
	☽ △ ♅	2 54	G
7	☽ □ ♀	1am56	B
S	☽ ⚼ ♅	4pm 7	b
	♂ ⊥ ♇	5 57	
	☽ □ ☿	8 51	B
8	♀ ± ♅	4am52	
𝔖	☽ ✶ ☉	9 4	G
	☽ ⚼ ♃	9 22	b
	☽ ☍ ♇	11 21	B
	☽ △ ♆	3pm12	G
	☽ P ♄	11 1	B
9	☽ ✶ ♀	2am18	G
M	☽ ⚼ ♂	3 24	b
	☽ P ♂	6 38	B
	☽ △ ♃	10 30	G
	☽ ∠ ☉	11 46	b
	☽ P ♇	2pm 3	D
	☽ ⚼ ♄	2 35	b
	☽ ⚼ ♆	4 4	b
	☉ △ ♇	7 10	
10	☽ ∠ ♀	2am15	b
Tu	☽ ✶ ☿	3 33	G
	☽ △ ♂	5 7	G
	☽ P ♃	5 40	G
	☽ ⊻ ☉	2pm26	g
	☽ △ ♄	3 33	G
	☽ ☍ ♅	6 48	B
11	☽ ⊻ ♀	2am15	g
W	☽ ∠ ☿	6 45	b
	☉ □ ♄	7 45	
	☿ ✶ ♂	10 59	
	☽ □ ♃	0pm52	B
	☉ P ♀	1 27	
	☽ ⚼ ♇	2 11	b
12	☉ ☍ ♆	3am18	
Th	☉ Q ♃	4 32	
	☽ □ ♂	9 8	B
	☽ ⊻ ☿	10 13	g
	☽ P ♅	10 28	B
	☽ △ ♇	3pm35	G
	☽ □ ♄	6 14	B
	☽ ☍ ♆	7 26	B
	☽ ☌ ☉	8 38	D
13	☽ ☌ ♀	3am 3	G
F	☉ ∇ ♅	6 11	
	☽ ✶ ♃	4pm43	G
	☽ ⚼ ♅	11 24	b
14	☉ P ☿	10 a 56	
S	☽ ✶ ♂	3pm27	G
	☽ ☌ ☿	6 59	G
	☽ ∠ ♃	7 41	b
	☽ □ ♇	8 17	B
	☽ ✶ ♄	11 14	G
15	☽ △ ♅	2am15	G
𝔖	☽ ⊻ ☉	5 51	g
	☽ ⊻ ♀	6 2	g
	☿ ∠ ♃	6 26	
	☉ ☌ ♀	7 30	
	☽ ⚼ ♇	1pm31	
	☽ P ♅	7 37	B
	☽ ∠ ♂	7 58	b
	☽ ⊻ ♃	11 32	g
16	☽ ∠ ♄	3am 2	b
M	☽ ⚼ ♆	3 57	b
	☽ ∠ ♀	8 39	b
	☽ ∠ ☉	0pm 1	b
	♀ P ♆	9 45	
17	♂ P ♄	0am22	
17	☽ ⊻ ♂	1am31	g
	☽ ✶ ♇	4 22	G
	♃ ∠ ♇	4 51	
	☽ ⊻ ☿	7 15	g
	☽ ⊻ ♄	7 45	g
	☽ △ ♆	8 32	G
	☽ □ ♅	10 37	B
	☽ ✶ ♀	0pm 2	G
	☿ ✶ ♄	3 41	
	☽ ✶ ☉	7 22	G
18	☿ ∇ ♆	3am17	
W	☽ ∠ ♇	9 42	b
	☽ ● ♃	10 2	G
	☽ P ♃	10 6	G
	☽ ∠ ☿	2pm38	b
	♀ Q ♃	5 52	
	♀ ∇ ♅	6 42	
19	☽ P ♇	2am13	D
Th	☿ ⊻ ♀	5 38	
	☉ ± ♅	7 58	
	☿ P ♆	10 56	
	☿ △ ♅	2pm38	
	☽ ☌ ♂	3 19	B
	☽ ⊻ ♇	3 41	g
	☽ ● ♄	7 28	B
	☽ □ ♆	7 55	B
	☽ □ ♀	8 50	B
	☽ P ♄	9 14	B
	☽ ✶ ♅	10 4	G
	☽ ✶ ☿	10 31	G
	♂ ⊻ ♇	11 55	
20	☽ P ♂	0am53	B
F	☽ □ ☉	0pm32	B
	♀ ☍ ♆	4 29	
	♀ □ ♄	10 43	
	☽ ⊻ ♃	11 6	g
21	☽ ∠ ♅	4am22	b
22	☽ ☌ ♇	4am20	D
𝔖	☽ ∠ ♃	5 48	b
	☽ ⊻ ♂	6 41	g
	☽ △ ♀	6 46	G
	♀ □ ♂	7 50	
	☽ ⊻ ♄	8 23	g
	☽ ✶ ♆	8 28	G
	☽ ⊻ ♅	10 35	g
	☽ P ♂	11 5	B
	☽ □ ☿	2pm 2	B
	☽ P ♄	5 33	B
	♄ □ ♆	7 18	
23	☽ △ ☉	6am17	G
M	☽ ⚼ ♀	11 32	b
	☽ ✶ ♃	0pm11	G
	☽ P ♇	0 42	D
	☽ ∠ ♂	1 59	b
	☽ ∠ ♆	2 21	b
	☽ ∠ ♄	2 29	b
	♂ □ ♆	10 18	
24	☽ P ♃	2am48	G
Tu	♂ ☌ ♄	2 57	
	☽ ⚼ ☉	2pm18	b
	☽ ⊻ ♇	3 48	g
	♀ △ ♇	5 0	
	☽ ⊻ ♆	7 40	g
	☽ ✶ ♄	7 58	G
	☽ ✶ ♂	8 38	G
	☽ ☌ ♅	9 42	B
25	☽ △ ☿	2am51	G
W	☿ ⊥ ♀	6 17	
	☽ ∠ ♇	8pm34	b
	♂ ✶ ♅	8 51	
25	☽ □ ♃	11 pm 1	B
26	☽ ⚼ ☿	7am48	b
Th	☽ P ♅	6pm 4	B
	☉ ✶ ♃	9 48	
	☽ ☍ ♀	10 50	B
27	☽ ✶ ♇	0am36	G
F	☽ ☌ ♆	4 9	D
	☽ □ ♄	4 48	B
	☽ ⊻ ♅	6 5	g
	☽ □ ♂	7 32	B
	☿ P ♀	0pm 1	
	☽ P ☿	3 10	G
	☽ P ♀	3 23	G
28	☽ △ ♃	6am54	G
S	☽ ☍ ☉	9 2	B
	☽ ∠ ♅	9 15	b
	☿ Stat.	11 14	
	☉ ⚼ ♅	11 55	
	♇ Stat.	8pm20	
29	☽ □ ♇	6am41	B
𝔖	☽ ⚼ ♃	9 55	b
	☽ ⊻ ♆	10 0	g
	☽ △ ♄	10 58	G
	☽ ✶ ♅	11 52	G
	☽ △ ♂	3pm30	G
	☽ ☍ ☿	5 24	B
	☽ P ♀	5 52	G
	☽ P ☿	9 39	G
30	☽ ⚼ ♀	5am26	b
M	☽ P ♅	7 2	B
	☽ ∠ ♆	0pm12	b
	☽ ⚼ ♄	1 18	b
	☽ ⚼ ♂	6 42	b

JULY

1	☉ Q ♄	4am59	
Tu	☿ ✶ ♂	6 2	
	☽ △ ♀	6 58	G
	☽ △ ♇	10 55	G
	☽ ✶ ♆	2pm 2	G
	☽ □ ♅	3 51	B
	☽ ⚼ ☉	9 32	b
2	☽ ⚼ ♇	0pm35	b
W	☽ ☍ ♃	4 35	B
	☽ P ♃	6 19	G
	☽ ⚼ ☿	9 48	b
3	☽ △ ☉	0am59	G
Th	☽ P ♇	3 50	D
	☿ P ♅	5 44	
	☽ □ ♀	9 34	B
	☽ □ ♆	5pm 5	B
	☽ ☍ ♄	6 40	B
	☽ △ ♅	6 53	G
	☽ P ♄	9 6	B
	☽ △ ☿	10 37	G
4	☽ ☍ ♂	2am36	B
F	☽ P ♂	2pm59	B
	☽ ⚼ ♅	8 14	b
5	♄ ✶ ♅	4am27	
S	☽ □ ☉	7 28	B
	☽ P ♂	8 7	B
	☽ ✶ ♀	0pm 1	G
	☽ ☍ ♇	4 52	B
	☽ △ ♆	7 45	G
	☽ ⚼ ♃	9 43	b
	☽ □ ☿	11 48	B
6	☽ P ♄	2am32	B
𝔖	☽ ∠ ♀	1pm18	b
	☽ P ♇	7 59	D

JULY—*contd.*

Day	Aspect	Time	
6	☽⚼♆	*9pm* 6	b
	♀Stat.	9 39	
	☽⚼♄	11 11	b
	☽△♃	11 24	G
7 M	☽P♃	*4am* 9	G
	☽⚼♂	9 49	b
	☽⚹⊙	*1pm*56	G
	☽⊻♀	2 46	g
	☿∠♃	4 40	
	☿⊥♀	7 33	
	☿⚹♄	11 56	
8 Tu	☽☍♅	*0am*23	B
	☽⚹☿	0 47	G
	☽△♄	0 50	G
	⊙⊻♀	2 45	
	☿△♅	10 29	
	☽△♂	*0pm*27	G
	☽∠⊙	5 26	b
	☽⚼♇	9 26	b
9 W	☽∠☿	*1am*26	b
	☽□♃	3 17	B
	⊙Q♂	5 57	
	♀P♅	6 51	
	☽P☿	9 28	G
	☽P♀	*4pm*38	G
	☽P♅	4 49	B
	☽●♀	6 35	G
	☽⊻⊙	9 18	g
	☽△♇	11 26	G
10 Th	☽☍♆	*2am*12	B
	☽⊻☿	2 20	g
	☽□♄	4 54	B
	☿▽♆	5 54	
	☽□♂	*6pm*48	B
11 F	⊙□♇	*4am*21	
	☽⚼♅	6 36	b
	☽⚹♃	8 35	G
	⊙☌☿	*6pm*46	
12 S	☽⊻	*0am*23	g
	☽□♇	4 53	B
	☽☌♀	5 24	G
	☽☌⊙	6 46	D
	☽△♅	9 39	G
	☽⚹♄	10 52	G
	☽∠♃	*0pm* 6	b
	☿Q♂	2 58	
	☿□♇	3 57	
	⊙▽♆	6 18	
13 Su	☽⚹♂	*3am*33	G
	☽∠♀	4 24	b
	☽P♅	7 23	B
	☽P♀	8 26	G
	☽⚼♆	11 19	b
	☽P☿	*2pm*40	G
	☽∠♄	2 53	b
	☽⊻♃	4 22	g
	⊙△♅	9 51	
	⊙P♆	9 56	
14 M	☽∠♂	*9am* 9	b
	☽⚹♀	9 15	G
	☽⊻☿	10 52	g
	☽⚹♇	*0pm*58	G
	☽△♆	3 45	G
	☽□♅	5 55	B
	☽⊻⊙	7 37	g
	☽⊻♄	7 38	g
	⊙⚹♄	7 57	
15	☿⊻♀	10 *a* 18	

Day	Aspect	Time	
15	☽∠☿	*2pm*41	b
	☽⊻♂	3 36	g
	☽∠♇	6 8	b
	⊙⊥♀	10 12	
	⊙∠♃	11 48	
16 W	☽●♃	*3am*10	G
	☽∠⊙	3 24	b
	☽P♃	6 49	G
	☽P♇	*1pm* 0	D
	☽⚹☿	7 11	G
	☽□♀	9 31	B
	☽⊻♇	11 55	g
17 Th	☽□♆	*2am*40	B
	☽⚹♅	4 58	G
	☽●♄	7 13	B
	☽P♄	11 6	B
	☽⚹⊙	11 55	G
18 F	♀P♅	*2am*25	b
	☽☌♂	6 31	B
	☽P♂	7 37	B
	☽∠♅	11 11	b
	☽⊻♃	*4pm*18	g
	⊙±♆	9 57	
19 S	☿P♅	*0am*46	
	☽P♂	2 28	B
	☽□☿	5 47	B
	☿P♀	7 30	
	☽△♀	*0pm* 4	G
	☽☌♇	0 33	D
	☽⚹♆	3 9	G
	☽⊻♅	5 31	g
	☽⊻♄	8 17	g
	☽P♄	9 24	B
	☽∠♃	11 8	b
20 Su	♀△♇	*1am*47	
	☽□⊙	5 51	B
	☽⚼♀	*7pm*25	b
	☽P♇	7 55	D
	☽∠♆	9 17	b
	☽⊻♂	10 8	g
21 M	☽P♃	*0am*18	G
	♃Q♅	2 26	
	☽∠♄	2 37	b
	☽⚹♃	5 40	G
	☽△☿	*4pm*56	G
22 Tu	☽⊻♇	*0am*33	g
	☽⊻♆	2 55	g
	♂∠♅	4 59	
	☽☌♅	5 16	B
	☽∠♂	5 17	b
	☽⚹♄	8 24	G
	♀☍♆	*4pm*42	
	☿Stat.	4 43	
	☽⚼☿	10 6	b
	☽△⊙	10 7	G
23 W	☽∠♇	*5am*37	b
	☽⚹♂	11 36	G
	☽□♃	*4pm*48	B
24 Th	☽P♅	*2am*40	B
	☽⚼⊙	4 49	b
	☽P♀	6 43	G
	☽⚹♇	9 52	G
	☽☌♆	11 58	D
	☽☍♀	*1pm*50	B
	☽⊻♅	2 14	g
	☽□♄	5 37	B
	☽P☿	6 51	G
	♀▽♅	11 21	
25 F	♂Q♆	*4am*19	
	☽P⊙	*0pm* 7	G

Day	Aspect	Time	
25	☽∠♅	*5pm*27	b
	☽□♂	9 20	B
26 S	☽△♃	*0am*31	G
	☽☍☿	10 4	B
	☽□♇	*3pm*51	B
	⊙P☿	4 14	
	☽P☿	5 34	G
	☽⊻♆	5 41	g
	☽P⊙	6 22	G
	☽⚹♅	7 53	G
	☽△♄	11 29	G
27 Su	☽⚼♃	*3am* 8	b
	☽P♀	10 16	G
	☽P♅	*4pm*42	B
	⊙⊥♃	5 14	
	☽☍⊙	6 54	B
	☽∠♆	7 30	b
28 M	☽⚼♀	*0am*44	b
	☽⚼♄	1 22	b
	☽△♂	3 40	G
	⊙⚼♆	3 47	
	♀□♄	*5pm*28	
	☽△♇	7 10	G
	☽⚹♆	8 49	G
	☽□♅	11 0	B
29 Tu	☽△♀	*3am* 9	G
	☽⚼♂	5 58	b
	☽⚼☿	*5pm*35	b
	☽⚼♇	8 14	b
	⊙P♀	9 4	
30 W	♂P♄	*2am*50	
	⊙Q♇	6 43	
	♂⊻♃	7 2	
	☽☍♃	7 57	B
	♅Stat.	11 13	
	☽P♃	*0pm*20	G
	☽P♇	0 51	D
	☽△☿	7 49	G
	☽□♆	10 37	B
31 Th	☽△♅	*0am*49	G
	☽⚼⊙	3 25	b
	☽☍♄	4 55	B
	☽P♂	7 6	B
	☽□♀	7 18	B
	☽P♄	8 50	B
	☿□♇	*6pm*16	

AUGUST

Day	Aspect	Time	
1 F	☽⚼♅	*1am*40	b
	♃P♇	2 32	
	⊙∠♄	4 37	
	☽△⊙	6 2	G
	☽☍♂	11 50	B
	⊙P♅	*2pm* 8	
	☿▽♆	4 27	
	☽☍♇	10 58	B
2 S	☽△♆	*0am*23	G
	☽□☿	0 59	B
	☽P♄	3 28	B
	☽P♂	8 12	B
	☽⚼♃	11 45	b
	☽⚹♀	11 46	G
	☽P♃	11 20	G
	☿△♅	11 36	
	☽P♇	11 58	D
3 Su	☽⚼♆	*1am*34	b
	♀±♅	6 45	
	☽⚼♄	8 38	b
	☽□⊙	*0pm* 1	B

Day	Aspect	Time	
3	☽△♃	*1pm*29	G
	☽∠♀	2 30	b
4 M	☽☍♅	*5am*31	B
	☽⚹☿	8 15	G
	☽△♄	10 29	G
	⊙⊻♃	*2pm*51	
	☽⊻♀	5 43	g
	☽⚼♂	7 32	b
5 Tu	☽⚼♇	*3am*45	b
	☿⚹♄	10 25	
	☽P⊙	11 54	G
	☽∠☿	*1pm* 1	b
	☽□♃	6 11	B
	☽⚹⊙	7 49	G
	☽△♂	11 1	G
	☽P♅	11 15	B
6 W	☽△♇	*6am*13	G
	♂⊥♅	6 41	
	☽☍♆	7 27	B
	☿±♆	*1pm*47	
	☽□♄	3 34	B
	☽P♀	5 51	G
	☽⊻☿	6 42	g
7 Th	☽∠⊙	*0am*36	b
	☽●♀	1 53	G
	☽⚼♅	*1pm* 2	b
	☿∠♃	9 14	
	♀Q♃	9 25	
8 F	☽⚹♃	*0am*56	G
	☽⊻⊙	6 4	g
	☽□♂	7 48	B
	☽□♇	*0pm*44	B
	☽△♅	4 36	G
	☽P♀	4 48	G
	☽⚹♄	10 48	G
9 S	☽∠♃	*5am*11	b
	☽☌☿	9 8	G
	☽⊻♀	*0pm*47	g
	☽P♅	2 52	B
	☽⚼♆	5 54	b
10 Su	♃⊥♇	*2am* 0	
	☽∠♄	3 19	b
	☽⊻♃	10 3	g
	☽P⊙	*5pm*28	G
	☽☌●	7 9	D
	☽⚹♂	7 13	G
	☽∠♀	7 22	b
	⊙⚹♂	8 28	
	☽⚹♇	9 29	G
	☽△♆	10 32	G
11 M	☽□♅	*1am*30	B
	♂P♃	5 11	
	☽⊻♄	8 25	g
	☿⊻♀	10 50	
	⊙∠♀	*0pm* 0	
	⊙⊥♄	5 23	
12 Tu	☿⚼♆	*1am*36	
	⊙⚹♇	1 53	
	☽∠♂	1 56	b
	☽⚹♀	2 41	G
	☽∠♇	2 45	b
	☽⊻☿	4 7	g
	⊙△♆	*2pm*19	
	♂☌♇	6 32	
	☽●♃	9 36	G
	☽P♇	11 24	D
13 W	☽P♂	*0am*23	B
	☽P♀	0 45	
	☽P♃	4 14	G
	☽⊻♇	8 33	g

Day	Aspect	Time	
13	☽⊻♂	*9am*17	g
	☽□♆	9 28	B
	☿Q♇	10 41	
	☽⊻⊙	11 9	g
	☽⚹♅	*0pm*39	G
	♂⚹♆	0 42	
	♂P♇	2 40	
	☽∠♀	3 17	b
	☿Q♂	6 26	
	☿⊥♃	7 30	
	☽●♄	8 18	B
	♂⊥♃	10 45	
14 Th	☽P♄	*1am*47	B
	⊙□♅	6 4	
	♀⚼♅	*2pm*22	
	☽∠♅	6 52	b
	☽□♀	7 13	B
	☽∠⊙	7 59	b
15 F	☿∠♄	*0am*32	
	☽⚹☿	3 15	G
	☽⊻♃	10 59	g
	☽☌♇	*9pm*11	D
	☽⚹♆	9 57	G
	☽P♄	10 22	B
16 S	☽☌♂	*1am*11	B
	☽⊻♅	1 17	g
	♂⊻♅	3 3	
	☽⚹⊙	5 3	G
	☽⊻♄	9 31	g
	☽∠♃	*5pm*55	b
	☽P♃	6 54	G
	☿P♅	7 7	
17 Su	☽P♇	*1am*17	D
	☽∠♆	4 16	b
	☿⊻♃	6 41	
	☿⊥♀	7 6	
	☽△♀	*0pm*48	G
	☽∠♄	4 4	b
	☽P♂	7 43	B
18 M	☽⚹♃	*0am*39	G
	☽□☿	3 50	B
	☽⊻♇	9 44	g
	☽⊻♆	10 18	g
	☽P⊙	*0pm*45	G
	☽☌♅	1 41	B
	☽⊻♂	4 49	g
	⊙⊻♄	6 45	
	☽⚼♀	9 7	b
	☽⚹♄	10 12	G
	☽□⊙	10 28	B
19 Tu	☽∠♇	*3pm*17	b
	☿⚹♇	3 39	
	☽P☿	6 29	G
	☿△♆	6 35	
	☿⊥♄	8 5	
	☽∠♂	11 44	b
20 W	☽□♃	*0pm*18	B
	☽P♅	0 40	B
	☿□♅	3 26	
	☽⚹♇	8 3	G
	☽☌♆	8 26	D
	☽⊻♅	11 46	g
21 Th	☽△☿	*1am*18	G
	☽⚹♂	5 38	G
	☽□♄	8 14	B
	☽△⊙	*0pm*36	G
	☽P♀	9 10	G
22 F	☽∠♅	*3am*27	b
	☽⚼☿	9 50	b
	☿⚹♂	*3pm*58	

AUG.—contd.

Day	Aspect	Time	
22	☽☍♀	4pm26	B
	☽⚼⊙	5 54	b
	☽P♀	8 17	G
	☽△♃	8 18	G
	☿⊻♄	11 57	
23 S	☽□♇	2am48	B
	☽⊻Ψ	3 1	g
	♀Q♄	5 24	
	☽⚹♅	6 12	G
	☽□♂	2pm15	B
	☽△♄	2 30	G
	♂⊻♄	8 47	
	☽⚼♃	10 52	b
24 𝔖	☽P♅	1am40	B
	☽∠Ψ	4 57	b
	☽⚼♄	4pm17	b
25 M	⊙P♂	0am44	
	☽△♇	6 1	G
	☽⚹Ψ	6 7	G
	☽□♅	9 14	B
	♀⚹♃	1pm32	
	☿∠♀	5 6	
	☽△♂	7 4	G
	☽P☿	10 50	G
26 Tu	☽⚼♀	2am20	b
	☽☍☿	3 4	B
	☽☍⊙	3 42	B
	☽P♂	6 4	B
	☽⚼♇	6 41	b
	☽P⊙	10 31	G
	⊙☌☿	11 53	
	☽⚼♂	8pm34	b
27 W	☽P♇	0am 8	D
	Ψ⚹♇	1 12	
	☽☍♃	2 19	B
	☽△♀	4 20	G
	☿P♂	6 42	
	☿∠♇	6 44	
	☽□Ψ	6 58	B
	☽P♃	8 42	G
	☽△♅	10 4	G
	☽☍♄	6pm21	B
	☽P♄	11 15	B
28 Th	⊙∠♇	2am41	
	☽⚼♅	10 13	b
	♀▽Ψ	8pm21	
	♀□♇	9 45	
29 F	☽P♄	4am36	B
	☽△Ψ	7 16	G
	☽☍♇	7 23	B
	☽□♀	8 3	B
	☽⚼⊙	9 19	b
	☽⚼☿	2pm35	b
	☽P♃	6 38	G
	☿Q♅	8 42	
30 S	☽☍♂	0am31	B
	☽⚼♃	4 6	b
	☽P♇	4 7	D
	☽⚼Ψ	7 45	b
	☽P⊙	10 28	G
	☽P☿	10 44	G
	☽△⊙	11 35	G
	⊙P☿	1pm47	
	☽△☿	6 55	G
	☽⚼♄	8 5	b
	♀△♅	8 55	
31 𝔖	☽△♃	5am21	G
	☽P♂	6 20	B

Day	Aspect	Time	
31	☽☍♅	0pm 8	B
	☽⚹♀	1 16	G
	☽△♄	9 33	G
	Ψ Stat.	11 38	

SEPTEMBER

Day	Aspect	Time	
1 M	☿P♇	1am48	
	☿⊥♇	1 53	
	☽⚼♇	10 35	b
	☽∠♀	5pm 0	b
	☽□⊙	6 9	B
2 Tu	☽P♅	6am 1	B
	☽□☿	6 5	B
	⊙Q♅	7 57	
	☽⚼♂	8 38	b
	☽□♃	9 52	B
	☽☍Ψ	0pm34	B
	☽△♇	0 56	G
	☽P♀	7 17	G
	⊙P♇	8 43	
	☽⊻♀	9 39	g
3 W	☽□♄	2am36	B
	☿∠♂	10 25	
	☽△♂	0pm57	G
	☿☌♃	1 34	
	♀±Ψ	7 12	
	☽⚼♅	7 30	b
	♂∠♃	9 49	
	☿P♃	10 27	
4 Th	♂⊥♄	4am 4	
	☽⚹⊙	4 13	G
	☿□Ψ	6 37	
	☿⊻♇	10 10	
	☽⚹♃	5pm25	G
	☽□♇	7 52	B
	☽⚹☿	9 25	G
	☽△♅	11 23	G
5 F	☽●♀	9am46	G
	☽P♀	10 25	G
	☽∠⊙	10 36	b
	☽⚹♄	10 38	G
	☿⚹♅	11 54	
	☽⚼Ψ	2pm13	b
	♂∠Ψ	5 51	
	☽P♅	7 3	B
	♀⚹♄	9 51	
	☽∠♃	10 16	b
6 S	☽□♂	0am 5	B
	☽∠☿	6 33	b
	☽∠♄	3pm40	b
	⊙⊥♇	5 23	
	☽⊻⊙	5 47	g
7 𝔖	☽⊻♃	3am45	g
	☽△Ψ	4 45	G
	☽⚹♇	5 27	G
	☽□♅	9 6	B
	☽P♂	11 47	B
	☿P♄	1pm44	
	☽⊻☿	4 30	g
	☽⊻♄	9 14	g
8 M	☽⊻♀	1am 8	g
	☽∠♇	11 1	b
	☽⚹♂	1pm57	G
9 Tu	☿☌♄	4am31	
	☽P♇	8 59	D
	☽∠♀	9 46	b
	☽☌⊙	10 0	D
	♀P♅	10 25	
	♃□Ψ	1pm52	

Day	Aspect	Time	
9	☽□Ψ	4pm 8	B
	☽☌♃	4 11	G
	☽⊻♇	4 59	g
	☽⚹♅	8 45	G
	☽∠♂	9 39	b
10 W	☽P⊙	0am59	G
	☽P♃	1 16	G
	⊙P♃	4 40	
	☽☌♄	9 38	B
	☽☌☿	2pm 5	G
	☽P♄	4 19	B
	⊙∠♀	6 0	
	☽⚹♀	6 50	G
11 Th	☽∠♅	3am 3	b
	☽P☿	5 22	G
	☽⊻♂	5 40	g
	☽P☿	9 2	G
	☽P♄	9pm 4	B
	☿⊥♂	9 16	
	♃⊻♇	9 33	
12 F	☽⊻⊙	3am54	g
	☽⚹Ψ	4 42	G
	☽☌♇	5 44	D
	☽⊻♃	5 51	g
	☽P⊙	7 34	G
	☽⊻♅	9 32	g
	♀⚼Ψ	10 3	
	☽P♃	11 21	G
	⊙□Ψ	1pm52	
	☽⊻♄	10 59	g
13 S	♀∠♃	2am56	
	⊙⊻♇	2 57	
	☽P♇	4 44	D
	⊙☌♃	9 59	
	☽∠Ψ	11 8	b
	☽⊻☿	0pm36	g
	☽∠♃	0 49	b
	☽∠⊙	1 1	b
	☽□♀	1 36	B
	☿P♄	9 26	
	☽☌♂	10 5	B
14 𝔖	☽∠♄	5am38	b
	☿⚹♀	8 53	
	☿∠♅	2pm18	
	☽⊻Ψ	5 24	g
	☽⊻♇	6 33	g
	☽⚹♃	7 37	G
	☽⚹⊙	9 56	G
	☽☌♅	10 19	B
	☿QΨ	10 45	
	⊙P☿	11 18	
	☽∠☿	11 31	b
15 M	⊙⚹♅	2am49	
	☽⚹♄	0pm 1	G
	♀Q♇	6 57	
	☽P♂	7 56	B
16 Tu	☽∠♇	0am31	b
	☽P♀	6 20	G
	☽△♀	7 30	G
	☽⚹☿	9 43	G
	☽⊻♂	1pm25	g
	☿P♃	5 1	
	☽P♅	10 10	B
17 W	☽☌Ψ	4am36	D
	☽⚹♇	5 51	G
	☽□♃	7 44	B
	☽⊻♅	9 28	g
	⊙P♄	0pm 8	
	☽□⊙	1 54	B
	☽⚼♀	3 21	b

Day	Aspect	Time	
17	☽∠♂	7pm58	b
	☽□♄	10 56	B
18 Th	♀P♂	9am58	
	☿⊻♂	10 50	
	☽∠♅	1pm54	b
19 F	☽⚹♂	1am30	G
	☽□☿	2 34	B
	♂⊥Ψ	6 56	
	☽⊻Ψ	0pm42	g
	☽□♇	1 58	B
	☽△♃	4 29	G
	☽⚹♅	5 21	G
20 S	☽△⊙	1am39	G
	☽△♄	6 14	G
	☽P♅	9 47	B
	☿⊥♅	1pm41	
	♂∠♄	2 31	
	☽∠Ψ	3 16	b
	☽⚼♃	7 19	b
	☿P♇	10 14	
	☽P♂	11 25	B
21 𝔖	☽⚼⊙	5am40	b
	☽☍♀	7 46	B
	☽⚼♄	8 23	b
	☽□♂	9 8	B
	☽P♀	10 18	G
	☽△☿	1pm42	G
	♀∠♄	4 38	
	☽⚹Ψ	4 53	G
	☽△♇	6 10	G
	☽□♅	9 21	B
22 M	♃⚹♅	11am 5	
	☽⚼☿	5pm18	b
	☽⚼♇	6 58	b
	☿⚹Ψ	9 5	
23 Tu	⊙☌♄	2am 9	
	♀□♂	3 11	
	☽P☿	5 2	G
	♀⊥♃	9 27	
	☿☌♇	10 37	
	☽△♂	0pm50	G
	☽P♇	1 13	D
	☽□Ψ	5 50	B
	☽△♅	10 11	G
	☽☍♃	10 36	B
24 W	☽P♃	6am40	G
	☽☍♄	10 12	B
	☽☍⊙	0pm 8	B
	☽⚼♂	1 45	b
	☽⚼♀	2 48	b
	☽P♄	3 53	B
	☿⊻♅	7 33	
	☽P⊙	8 24	G
	☽⚼♅	9 57	b
25 Th	☿⊻♃	3am35	
	☽P⊙	4 7	G
	☽P♄	7 55	B
	☽△♀	4pm16	G
	☽P♃	4 41	G
	☽△Ψ	5 13	G
	☽☍♇	6 36	B
26 F	☽☍☿	0am12	B
	♀△Ψ	5 26	
	☽P♇	10 25	D
	☽⚼Ψ	4pm59	b
	☽⚼♃	10 42	b
27 S	♀⚹♇	0am53	
	⊙P♄	1 6	
	☽P☿	9 29	G
	☽⚼♄	10 3	b

Day	Aspect	Time	
27	♂P♅	11am42	
	☽⚼⊙	4pm29	b
	☽☍♂	4 35	B
	☽□♀	8 2	B
	⊙∠♂	9 4	
	☽☍♅	9 47	B
	☽△♃	11 19	G
28 𝔖	☽P♀	0am11	G
	♂⊻Ψ	4 21	
	☽△♄	10 48	G
	☽△⊙	7pm 2	G
	☽⚼♇	7 29	b
	♀□♅	7 43	
29 M	☽⚼☿	9am 6	b
	☽P♅	2pm22	B
	♂⊻♇	2 26	
	☽☍Ψ	7 29	B
	☽P♂	8 21	B
	☽△♇	9 10	G
	♀⊻♃	11 57	
30 Tu	☽□♃	2am51	B
	☽⚹♀	3 4	G
	☿P♀	5 50	
	☿⊥♃	8 48	
	☽△☿	2pm 2	G
	☽□♄	2 49	B
	♀⊥♄	5 14	
	⊙P♃	10 40	
	☿⊻♄	10 55	

OCTOBER

Day	Aspect	Time	
1 W	☽⚼♂	1am32	b
	☽□⊙	3 20	B
	☽⚼♅	3 21	b
	⊙∠♅	3 38	
	⊙QΨ	4 38	
	☽∠♀	8 21	b
2 Th	☽□♇	3am23	B
	☽△♂	6 42	G
	☽△♅	7 5	G
	☽P♂	7 40	B
	☽⚹♃	10 14	G
	♂☌♅	2pm28	
	☽⊻♀	2 53	g
	☽P♅	10 20	B
	☽⚹♄	10 39	G
3 F	☽□☿	3am32	B
	☽⚼Ψ	5 52	b
	☽∠♃	3pm20	b
	☽⚹⊙	4 17	G
4 S	☿∠Ψ	3am25	
	☽∠♄	3 54	b
	☽P☿	6 2	G
	☽△Ψ	11 0	G
	☽⚹♇	1pm 7	G
	☽□♅	5 4	B
	☽□♂	7 56	B
	☽⊻♃	9 10	g
5 𝔖	☽∠⊙	0am12	b
	☽●♀	7 5	G
	☽⊻♄	9 45	g
	☽P♀	0pm42	G
	☽∠♇	6 56	b
	☽⚹☿	8 48	G
6 M	♂⚹♃	2am17	
	☿⊥♄	8 37	
	☽⊻⊙	8 46	g
	♀⊻♄	2pm12	
	☽P♇	6 1	D

OCT.—contd.

6	☽□♆	10pm51	B
7	☽⊻♇	1am 7	g
Tu	☽P☉	3 34	G
	☽⚹♅	5 13	G
	☽∠☿	6 9	b
	☽☌♃	10 15	G
	☽⚹♂	11 40	G
	☽P♃	9pm35	G
	☽☌♄	10 38	B
8	☽⊻♀	1am46	g
W	☽P♄	6 24	B
	☽∠♅	11 40	b
	☽⊻☿	3pm36	g
	♂⊥♇	4 1	
	☽P♄	7 10	B
	☽∠♂	7 56	b
9	☽☌☉	2am50	D
Th	☽P♃	3 32	G
	☽∠♀	11 26	b
	☽⚹♆	11 37	G
	☿∠♃	0pm37	
	☽☌♇	2 0	D
	☽⊻♅	6 11	g
10	☽⊻♃	0am 5	g
F	☽⊻♂	4 15	g
	☽P☉	5 33	G
	☽P♇	7 31	D
	☽⊻♄	0pm 1	g
	♀∠♇	2 36	
	☽∠♆	6 2	b
	☉⊥♅	6 27	
	☽⚹♀	9 4	G
	☽P♀	11p48	G
11	☿P♅	0am17	
S	☉P♇	0 37	
	☽∠♃	6 56	b
	☽☌☿	10 3	G
	☽∠♄	6pm35	b
	☽⊻☉	8 58	g
12	☽⊻♆	0am19	g
☼	☽⊻♇	2 46	g
	☽☌♅	6 59	B
	☽⚹♃	1pm37	G
	☿⊥♆	2 2	
	☽☌♂	8 27	B
13	☽⚹♄	0am55	G
M	☽∠☉	5 40	b
	☽∠♇	8 50	b
	☉⚹♆	2pm 7	
	☽□♀	3 39	B
14	☽⊻☿	2am45	g
Tu	☽P♅	6 37	B
	☉P♀	7 34	
	☽☌♆	0pm 0	D
	☽⚹☉	1 52	G
	☽⚹♇	2 28	G
	☽⊻♅	6 37	g
	☉☌♇	9 41	
15	☽□♃	1am48	B
W	♀Q♅	3 47	
	☽∠☿	9 57	b
	☽⊻♂	11 0	g
	☽□♄	0pm18	B
	☽∠♅	11 37	b
16	☽△♀	7am47	G
Th	♂⚹♄	2pm 0	
	☽⚹☿	4 3	G
	☽∠♂	5 6	b

16	☽⊻♆	9pm22	g
	☽□♇	11 49	B
17	☽□☉	3am46	B
F	☽⚹♅	3 48	G
	☉⊻♅	4 11	
	☽△♃	11 15	G
	☽⚼♀	2pm21	b
	♀P♇	2 51	
	☿∠♄	2 55	
	☽P♅	4 19	B
	☽△♄	8 44	G
	♂P♆	9 57	
	☽⚹♂	10 12	G
18	☽∠♆	0am49	b
S	♀⊥♇	1pm26	
	☽⚼♃	2 34	b
	☽⚼♄	11 34	b
19	☽□☿	0am34	B
☼	☽⚹♆	3 17	G
	☽△♇	5 37	G
	☽□♅	9 25	B
	☽△☉	1pm15	G
20	☽□♂	5am 4	B
M	☽⚼♇	7 6	b
	☽P☉	7 40	G
	☽⚼☉	4pm15	b
21	☽P♇	2am34	D
Tu	☽☍♀	2 47	B
	☽△☿	4 7	G
	☽□♆	5 33	B
	☽P♀	10 11	G
	☽△♅	11 25	G
	☽☍♃	6pm55	B
	☿⚹♀	10 30	
	♂∠♇	11 49	
22	☽☍♄	2am39	B
W	☽⚼☿	4 27	b
	☽P♃	4 45	G
	☉⊻♃	5 24	
	☽△♂	8 12	G
	☽P♄	9 16	B
	☽⚼♅	11 24	b
	☽P♄	1pm15	B
	♀□♆	2 8	
	☽P♃	5 35	G
23	☿Stat.	2am22	
Th	☽△♆	5 16	G
	☽☍♇	7 28	B
	☽P♀	8 9	G
	☽⚼♂	8 57	b
	♀⊻♇	7pm10	
	☽P♇	7 13	D
	☽☍☉	8 52	B
24	☽⚼♆	4am46	b
F	☽⚼♀	7 57	b
	☽⚼♃	6pm38	b
	☽P☉	10 21	G
25	☽⚼♄	1am53	b
S	☽☍☿	2 46	B
	☽△♀	9 38	G
	☽☍♅	10 22	B
	☽△♃	6pm47	G
	♀⚹♅	7 23	
26	☽△♄	2am 3	G
☼	☿∠♄	6 15	
	☽⚼♇	6 52	b
	☽☍♂	11 54	B
27	☽P♅	1am27	B
M	☽⚼☉	2 5	b
	☽☍♆	5 19	B

27	☽△♇	7am45	G
	☽□♀	3pm16	B
	☉⊻♄	3 26	
	☽P☿	4 7	G
	☽□♃	9 11	B
28	☽⚼☿	2am23	b
Tu	☽□♄	4 41	B
	☽△☉	5 36	G
	☽⚼♅	1pm44	b
29	☉∠♆	1am36	
W	☽△☿	3 22	G
	♂Q♃	10 26	
	☽□♇	0pm26	B
	☿P♅	1 23	
	☽△♅	4 50	G
	☉⊥♃	5 29	
	☽⚼♂	10 31	b
30	☽⚹♀	1am50	G
Th	☽P♅	2 59	B
	☽⚹♃	3 39	G
	☉⊥♂	7 48	
	☽P☿	9 11	G
	☽⚹♄	11 25	G
	☽⚼♆	1pm35	b
	☽□☉	4 35	B
	☿∠♃	6 1	
	☿∠♀	8 55	
31	♀☌♃	0am38	
F	☽△♂	4 31	G
	☽□☿	7 7	B
	☽∠♃	8 32	b
	☽∠♀	9 14	b
	☿⊥♆	10 45	
	☽∠♄	4pm24	b
	☽△♆	6 25	G
	☽⚹♇	9 20	G
	☽P☉	10 33	G
	☿⊻♂	11 2	

NOVEMBER

1	♀P♃	0am59	
S	☽□♅	2 7	B
	☽⊻♃	2pm18	g
	☽⊻♀	5 49	g
	♀Q♂	8 26	
	☽⊻♄	10 9	g
2	☽∠♇	3am 3	b
☼	☽⚹☉	8 21	G
	♀P♄	9 53	
	☽⚹☿	0pm44	G
	♀P♄	2 2	
	☽□♂	7 28	B
3	☽P♇	3am 9	D
M	☽□♆	6 13	B
	☽⊻♇	9 17	g
	☉⊥♄	9 24	
	☉☌☿	9 32	
	☿⊥♄	9 39	
	♀P♃	0pm47	
	☽⚹♅	2 20	G
	☽∠☿	3 58	b
	☿⊥♀	4 44	
	♀☌♄	5 12	
	☽∠☉	5 20	b
	☉P☿	6 22	
	☿⊥♂	10 18	
4	☽☌♃	3am33	G
Th	☽☌♄	11 8	B

4	☽☌♀	1pm 0	G
	☽P♀	1 46	G
	☽P♃	5 5	G
	☽P♄	6 35	B
	☽⊻☿	7 24	g
	☽P♄	8 10	B
	☽∠♅	8 53	b
	☽P♃	9 34	G
5	☽P♀	2am23	G
W	♂Q♄	2 28	
	☽⊻☉	2 33	g
	☉⊥♀	2 54	
	☽⚹♂	0pm14	G
	☽⚹♆	7 10	G
	☽☌♇	10 17	D
	☿⊻♀	11 44	
6	☿⊥♃	1am 1	
Th	☽⊻♅	3 28	g
	☽P♇	11 26	D
	☽⊻♃	5pm17	g
	☽∠♂	8 35	b
	♀Q♆	10 35	
7	☽⊻♄	0am25	g
F	♃P♄	0 51	
	☽∠♆	1 33	b
	☽☌☿	2 50	G
	☉⊥♆	7 57	
	☽⊻♀	8 35	g
	☿∠♆	6pm47	
	☽☌☉	8 43	D
	♀∠♅	9 49	
	☽∠♃	11 55	b
8	☽P☿	1am37	G
S	☽⊻♂	4 42	g
	☽∠♄	6 47	b
	☿⊻♄	7 30	
	☽⊻♆	7 43	g
	☽⊻♇	10 49	g
	☽☌♅	4pm 2	B
	☽∠♀	5 59	b
	☿∠♂	11 4	
9	☽⚹♃	6am15	G
☼	☽⊻☿	11 2	g
	☽⚹♄	0pm51	G
	☽P☉	4 38	G
	☽∠♇	4 40	b
	☉∠♃	6 41	
10	☽⚹♀	2am57	G
M	♂☌♆	7 27	
	☽⊻☉	1pm32	g
	☽∠☿	3 27	b
	☽P♅	3 28	B
	☽☌♆	7 7	D
	☽☌♂	7 51	B
	☽⚹♇	10 11	G
11	☽⊻♅	3am24	g
Tu	☽□♃	5pm49	B
	☽⚹☿	8 1	G
	☽∠☉	9 13	b
	☽□♄	11 51	B
12	☽∠♅	8am27	b
W	☿Stat.	10 58	
	♂⚹♇	0pm10	
	☽□♀	7 15	B
13	☽⚹☉	4am14	G
Th	☽⊻♆	4 50	g
	☽□♇	7 47	B
	☽⊻♂	8 57	g
	☉∠♄	9 16	
	☉⊻♆	11 58	

13	☽⚹♅	0pm56	G
	☽P♅	8 41	B
14	☽△♃	3am17	G
F	☽□☿	5 3	B
	☽P☉	5 33	G
	☽△♄	8 42	G
	☽∠♆	8 48	b
	☽∠♂	2pm25	b
15	☉⊻♇	2am46	
S	☽⚼♃	6 57	b
	☽△♀	8 23	G
	☽⚹♆	0pm 2	G
	☽⚼♄	0 5	b
	☽△♇	2 50	G
	☽□☉	3 46	B
	♀⊥♅	4 27	
	☽⚹♂	7 0	G
	☽□♅	7 48	B
16	♂⊻♅	10a47	
☼	☽△☿	0pm46	G
	☽P☿	1 24	G
	☽⚼♀	1 25	b
	☽⚼♇	5 10	b
	♀P♇	9 33	
17	♀⚹♆	1am25	
M	☉P♅	1 45	
	☽P♀	0pm37	G
	☽P♇	2 5	D
	☽⚼☿	3 44	b
	☽□♆	4 3	B
	☿∠♆	9 51	
	☽△☉	11 22	G
	☽△♅	11 30	G
18	☉☌♅	1am16	
Tu	☽□♂	1 21	B
	☿⊻♄	3 31	
	♀☌♇	9 11	
	☽☍♃	1pm 3	B
	☽☍♄	5 19	B
	☽P♄	6 58	B
	☽P♃	7 20	G
19	☽⚼♅	0am14	b
W	☽P♃	0 50	G
	☽P♄	1 10	B
	☽⚼☉	1 48	b
	☽△♆	5pm15	G
	☽☍♇	7 47	B
	☽☍♀	10 47	B
20	☽△♂	4am35	G
Th	☽P♇	5 5	D
	☽P♀	1pm16	G
	☽⚼♆	5 12	b
	♀⊻♅	8 10	
	☽☍☿	9 38	B
21	☽⚼♂	5am38	b
F	☉⊥♇	6 39	
	♃P♄	8 58	
	☽P☿	0pm57	G
	☽⚼♃	1 52	b
	☽⚼♄	5 40	b
22	☽☍♅	0am15	B
S	☿⊥♃	1 34	
	☽☍☉	6 39	B
	☉⊻♂	9 47	
	☽△♃	2pm 2	G
	☽△♄	5 45	G
	☽⚼♇	7 33	b
23	☽⚼♀	4am53	b
S	☽P♅	3pm37	B
	☽☍♆	5 27	B

Day	Aspect	Time	
NOV.—*cont.*			
23	☽△♇	8pm 2	G
24	☿⊥♄	2am36	
M	☽⚼☿	4 26	b
	☽△♀	7 52	G
	☽☍♂	10 19	B
	☽□♃	3pm51	B
	☽□♄	7 32	B
25	♂⊥♅	2am27	
Tu	☽⚼♅	2 29	b
	☽△☿	8 32	G
	☽⚼☉	2pm59	b
	☽□♇	11 22	B
26	☿⊥♆	0am47	
W	☽△♅	4 53	G
	☽P♅	9 35	B
	☽□♀	5pm21	B
	☽△☉	8 0	G
	☽⚹♃	9 15	G
	☽⚼♆	11 40	b
27	☽⚹♄	0am55	G
Th	♀⚹♂	6 15	
	☉⚹♃	2pm45	
	☽□☿	9 11	B
	☽P☿	10 30	G
	☽⚼♂	11 27	b
28	☽∠♃	1am34	b
F	☽△♆	3 51	G
	☽∠♄	5 15	b
	☽⚹♇	6 49	G
	☽□♅	0pm53	B
	♀⊻♃	4 10	
29	☽P♀	2am 8	G
S	♂Q♇	3 23	
	☽△♂	6 18	G
	☽⊻♃	6 55	g
	☽⚹♀	8 22	G
	☽□☉	10 0	B
	☽⊻♄	10 31	g
	☽∠♇	0pm 1	b
	☿∠♂	1 48	
	♀∠♆	2 40	
	☿∠♃	3 58	
	☉⚹♄	4 51	
	♂□♃	6 23	
30	♀⊻♄	7am 2	
Su	☿⊻♆	9 5	
	☉∠♇	11 11	
	☽P♇	0pm40	D
	☽□♆	2 53	B
	☽⚹☿	3 40	G
	☽∠♀	5 36	b
	☽⊻♇	5 59	g
	☿∠♄	11 20	
DECEMBER			
1	☽⚹♅	0am29	G
M	☿⊻♇	10 44	
	☉P♆	4pm 8	
	☽P♃	7 12	G
	☽☌♃	7 40	G
	☽P♄	8 55	B
	☽□♂	10 25	B
	☽☌♄	11 3	B
2	☽∠☿	2am15	b
Tu	☽⊻♀	3 25	g
	☽⚹☉	3 43	G
	☽∠♅	7 0	b
	♂□♄	9 19	
	☽P♄	9 23	B
	☽P♃	11 13	G
	☉⊻♀	6pm 6	
3	☽⚹♆	3am46	G
W	☽☌♇	6 51	D
	☽∠☉	0pm59	b
	☽⊻☿	1 3	g
	☽⊻♅	1 34	g
	☿☌♅	5 17	
	☽P♇	5 40	D
4	♀⊥♃	4am 7	
Th	☽⊻♃	9 9	g
	☽∠♆	10 10	b
	☽⊻♄	0pm10	g
	☽⚹♂	3 18	G
	☽⊻☉	10 1	g
	☽☌♀	11 6	G
5	♀⊥♄	11a 4	
F	☿⊥♇	0pm50	
	☽∠♃	3 30	b
	☿P♅	4 6	
	☽⊻♆	4 15	g
	☽∠♄	6 19	b
	☽⊻♇	7 14	g
	☽∠♂	11 16	b
6	☽P♀	1am47	G
S	☽☌♅	1 58	B
	☽☌☿	9 42	G
	☽⚹♃	9pm26	G
7	☽⚹♄	0am 4	G
Su	☽∠♇	0 51	b
	♀⊥♆	2 28	
	☽⊻♂	6 43	g
	☽☌☉	2pm35	D
	☽⊻♀	4 56	g
	♂∠♅	9 14	
8	☽P♅	2am45	B
M	☽☌♆	3 9	D
	☽⚹♇	6 0	G
	☽⊻♅	0pm41	g
9	☽∠♀	0am55	b
9	☽⊻☿	3am54	g
	☽□♃	7 52	B
	☽□♄	10 7	B
	☽∠♅	5pm19	b
	☽☌♂	7 57	B
10	☽⊻☉	4am48	g
W	☽⚹♀	8 16	G
	☽∠☿	0pm 1	b
	☽⊻♆	0 13	g
	☽□♇	2 55	B
	☿⚹♃	3 16	
	☽⚹♅	9 31	G
	☽P♅	11 11	B
11	☉Q♃	7am52	
Th	☿⚹♄	9 7	
	☽∠☉	11 2	b
	☿∠♇	0pm43	
	☽∠♆	4 1	b
	☽△♃	4 22	G
	☿⊥♂	5 44	
	☽△♄	6 16	G
	☽⚹☿	7 26	G
12	♀⊻♆	2am 3	
F	☽P♀	3 34	G
	♀∠♃	6 51	
	☽⊻♂	6 56	g
	☉Q♄	10 24	
	☿P♆	10 55	
	☽⚹☉	4pm37	G
	☽⚹♆	7 20	G
	☽⚼♃	7 51	b
	☽□♀	9 4	B
	☽⚼♄	9 36	b
	☽△♇	9 54	G
13	♀∠♄	3am 7	
S	☽□♅	4 23	B
	♀⊻♇	6 14	
	☽∠♂	11 33	b
14	☽⚼♇	0am37	b
Su	☉☌♆	5 32	
	☽□☿	8 5	B
	☽⚹♂	3pm28	G
	☽P♇	10 23	D
15	☽□♆	0am21	B
M	☽□☉	1 47	B
	☽△♀	7 1	G
	☽△♅	9 6	G
	☉⚹♇	3pm23	
	☽P♃	8 40	G
	☉P♂	8 53	
	☽P♄	11 49	B
16	☽☍♃	2am57	B
Tu	☽☍♄	4 16	B
	♀☌♅	7 30	
	☽⚼♅	10 38	b
	☽⚼♀	10 56	b
16	☽P♄	1pm19	B
	☽P♃	4 32	G
	☿P♂	5 32	
	☽△☿	5 39	G
	☽□♂	9 27	B
17	☽△♆	3am12	G
W	☽☍♇	5 28	B
	☉P☿	7 20	
	☽△☉	8 16	G
	☽P♇	2pm 1	D
	☽⚼☿	9 29	b
18	☽⚼♆	4am 0	b
Th	♀⊥♇	4 10	
	☽⚼☉	10 47	b
19	☿Q♃	0am41	
F	☽△♂	1 33	G
	☽⚼♃	5 50	b
	☽⚼♄	6 49	b
	☿Q♄	10 29	
	☉⊻♅	11 52	
	☿⊻♂	11 54	
	☽☍♅	1pm 0	B
	☽☍♀	7 50	B
20	☽⚼♂	3am23	b
S	☽△♃	6 30	G
	☽⚼♇	7 16	b
	☽△♄	7 24	G
	☿☌♆	11 58	
	♀P♅	0pm15	
21	☽☍♆	5am51	B
Su	☽P♅	7 23	B
	☽☍☿	7 57	B
	☽△♇	8 0	G
	☿⚹♇	8 24	
	☽P♀	11 38	G
	♂⊻♆	1pm21	
	☽☍☉	6 8	B
22	☽□♃	8am41	B
M	☽□♄	9 26	B
	☽⚼♅	3pm54	b
23	☽P♀	2am31	G
Tu	♂□♇	6 16	
	☽□♇	11 2	B
	☽☍♂	11 18	B
	☽P♅	4pm20	B
	☽△♅	6 1	G
	☿⊻♅	10 9	
24	☽△♀	11a 24	G
W	☽⚼♆	11 28	b
	☽⚹♃	1pm28	G
	☽⚹♄	2 4	G
25	☽⚼☿	0am 1	b
Th	☽⚼☉	7 21	b
	♀⚹♃	11 4	
	♀∠♇	0pm23	
	☽△♆	3 3	G
25	♀⚹♄	4pm46	
	☽∠♃	5 15	b
	☉⊥♅	5 15	
	☽⚹♇	5 21	G
	☽∠♄	5 46	b
26	☽□♅	0am58	B
F	☽△☿	7 58	G
	♂P♆	1pm11	
	☽△☉	2 2	G
	☽∠♇	9 55	b
	☽⊻♃	9 59	g
	☽⊻♄	10 24	g
27	☽□♀	1am37	B
S	☽⚼♂	3 40	b
	☉Q♇	4pm12	
	☿⊥♅	8 28	
	☽P♇	10 11	D
28	☽□♆	1am 0	B
Su	☽⊻♇	3 20	g
	☽△♂	11 14	G
	☽⚹♅	11 34	G
	♂⚹♅	4pm39	
	☽P♃	9 29	G
29	☿Q♇	1am11	
M	☽P♄	2 45	B
	☽□☿	3 39	B
	♀∠♂	4 45	
	☽□☉	6 33	B
	♀P♂	9 30	
	☽☌♃	9 46	G
	☽☌♄	9 59	B
	♂⊥♆	2pm56	
	☽∠♅	5 49	b
	☽⚹♀	8 7	G
	☽P♄	9 6	B
30	☽P♃	2am35	G
Tu	☽⚹♆	1pm27	G
	☽☌♇	3 44	D
	☉□♃	11 7	
31	☉□♄	0am 2	
W	☽⊻♅	0 18	g
	☽P♇	2 12	D
	☿□♃	3 19	
	☿□♄	3 47	
	☽□♂	3 58	B
	☽∠♀	6 2	b
	☉☌☿	10 5	
	☽∠♆	7pm52	b
	♃☌♄	9 14	
	☽⊻♄	10 47	g
	☽⊻♃	10 48	g
	♀P♆	11 56	

NOTE.—To obtain Local Mean Time of aspect, *add* the time equivalent of the Longitude if *East* and *subtract* if *West*.

EPHEMERIS TIME

Since this Ephemeris is now calculated in E.T. it will be necessary to convert G.M.T. to E.T. before finding the positions from the tables.

The approximate value of △T in 1980 is +51 seconds. Therefore to convert G.M.T. to E.T. add 51 seconds.

Note that one hour must be subtracted from B.S.T. to give G.M.T.

DISTANCES APART OF ALL ☌'s AND ☍'s IN 1980

Note: The Distances Apart are in Declination.

JANUARY

1	☽☍☿	9am	55	5	8
2	☽☍⊙	9	2	3	52
5	☽☍♀	5	7	2	51
7	☽●♃	4	3	0	14
7	☽☌♂	1pm	53	1	51
8	☽●♄	2	34	0	9
10	☽☌♇	4	29	12	7
13	☽☌♅	8am	13	4	45
15	☽☌♆	8	54	3	29
17	☽☌☿	5pm	6	4	51
17	☽☌⊙	9	19	2	46
20	☽●♀	0	15	0	53
20	☽☍♃	6	40	0	18
21	☽☍♂	4am	25	2	11
21	⊙☌☿	9	16	2	0
21	☽☍♄	11pm	35	0	8
23	♀☍♃	1	6	0	9
23	☽☍♇	5	29	12	11
26	☽☍♅	3am	21	4	48
28	♀☍♂	0	37	2	33
28	☽☍♆	3	53	3	30

FEBRUARY

1	☽☍⊙	2am	21	1	34
1	☽☍☿	7pm	58	2	31
3	☽●♃	7am	22	0	26
3	☽☌♂	5pm	47	2	41
4	☽☍♀	3	4	1	21
4	☽●♄	8	31	0	5
6	♀☍♄	6	54	1	25
7	☽☌♇	0am	9	12	15
9	☽☌♅	6pm	32	4	52
11	☿☍♃	10am	48	0	36
11	☽☌♆	8pm	18	3	31
13	☿☍♂	11am	30	3	47
16	☽☌●	8	51	0	13
16	☽☍♃	11pm	57	0	36
17	☽☍♂	4am	6	3	14
17	☽☌☿	3pm	26	2	3
18	☽☍♄	6am	32	0	1
19	☽☌♀	7	28	3	13
20	☽☍♇	0	40	12	21
22	☽☍♅	10	10	4	52
24	☽☍♆	10	31	3	30
24	⊙☍♃	6pm	2	1	13
25	⊙☍♂	5am	44	4	4
27	♂☌♃	7	30	2	49
28	♀☍♇	6	37	16	50

MARCH

1	☽☌♂	5am	34	3	38
1	☽●♃	7	6	0	47
1	☽☍⊙	9pm	0	1	2
2	☽☍☿	0	47	4	59
2	☽●♄	11	32	0	8
5	☽☌♇	5am	54	12	28
5	☽☍♀	9pm	20	5	16
6	⊙☌☿	5am	39	3	22
8	☽☌♅	1	59	4	50
10	☽☌♆	5	28	3	27
14	⊙☍♄	2	3	2	13
14	☽☍♂	11pm	41	3	42
15	☽☍♃	5am	43	0	55
15	☽☌☿	2pm	19	2	37
16	☽☍♄	2	23	0	14
16	☽☌⊙	6	56	2	12
18	☽☍♇	9am	52	12	35
19	☽☌♀	11pm	58	6	52

MARCH—*continued*

20	☽☍♅	5pm	59	4	47
22	☽☍♆	5	37	3	23
27	☽☌♂	8	40	3	26
28	☽●♃	6am	58	1	0
29	☽☍☿	2	48	0	6
30	☽●♄	1	24	0	19
30	♀☍♅	1	25	3	3
31	☽☍⊙	3pm	14	3	12

APRIL

1	☽☌♇	10am	35	12	39
4	☽☌♅	6	55	4	42
4	☽☍♀	6pm	23	8	12
6	☽☌♆	11am	55	3	16
8	☿☍♄	11	19	0	6
10	⊙☍♇	3	3	16	26
11	☽☍♂	4	29	2	50
11	☽☍♃	0pm	5	0	58
12	☽☍♄	10	3	0	19
13	☽●☿	8am	45	0	1
14	☽☍♇	7pm	46	12	41
15	☽☌⊙	3am	46	4	0
17	☽☍♅	2	52	4	39
18	☽☌♀	10	40	8	47
19	☽☍♆	1	59	3	12
24	☽☌♂	5	32	2	8
24	☽●♃	10	42	0	54
26	☽●♄	4	24	0	18
27	☿☍♇	1	19	14	22
28	☽☌♇	3pm	22	12	39
28	☽☍☿	10	16	2	2
29	♀☍♆	10am	37	5	41
30	☽☍⊙	7	35	4	35

MAY

1	☽☌♅	10am	56	4	36
3	☽☌♆	4pm	45	3	5
3	☽☍♀	10	32	8	40
5	♂☌♃	9am	49	0	41
8	☽☍♃	7pm	22	0	43
8	☽☍♂	8	56	1	14
10	☽☍♄	4am	46	0	11
12	☽☍♇	4	33	12	33
13	⊙☌☿	9	40	0	8
13	☿☍♅	6pm	33	0	28
14	⊙☍♅	5am	17	0	17
14	☽☍♅	11	33	4	35
14	☽☌⊙	0pm	0	4	51
14	☽☌☿	2	35	5	12
16	☽☍♆	11am	2	3	2
17	☽☌♀	3	28	7	51
21	☽●♃	7pm	58	0	31
22	☽●♂	5am	42	0	22
23	☽●♄	10	16	0	4
25	☽☌♇	9pm	11	12	25
27	☿☍♆	6am	9	3	25
28	☽☌♅	3pm	34	4	35
29	☽☍⊙	9	28	4	47
30	☽☌♆	9	47	3	0
31	☽☍☿	11am	57	6	13
31	☽☍♀	4pm	16	5	58

JUNE

1	☿☌♀	5pm	35	0	19
5	☽☍♃	4am	32	0	14
5	☽☍♂	9pm	14	0	35
6	☽☍♄	11am	7	0	7
8	☽☍♇	11	21	12	14

JUNE—*continued*

10	☽☍♅	6pm	48	4	39
12	⊙☍♆	3am	18	1	24
12	☽☍♆	7pm	26	3	0
12	☽☌⊙	8	38	4	23
13	☽☌♀	3am	3	3	34
14	☽☌☿	6pm	59	3	46
15	⊙☌♀	7am	30	1	10
18	☽●♃	10	2	0	1
19	☽☌♂	3pm	19	1	27
19	☽●♄	7	28	0	17
20	♀☍♆	4	29	0	57
22	☽☌♇	4am	20	12	2
24	♂☌♄	2	57	1	23
24	☽☌♅	9pm	42	4	42
26	☽☍♀	10	50	1	3
27	☽☌♆	4am	9	3	2
28	☽☍⊙	9	2	3	35
29	☽☍☿	5pm	24	0	13

JULY

2	☽☍♃	4pm	35	0	17
3	☽☍♄	6	40	0	28
4	☽☍♂	2am	36	2	19
5	☽☍♇	4pm	52	11	50
8	☽☍♅	0am	23	4	45
9	☽●♀	6pm	35	0	10
10	☽☍♆	2am	12	3	5
11	⊙☌☿	6pm	46	4	46
12	☽☌☿	5am	24	2	8
12	☽☌⊙	6	46	2	36
16	☽●♃	3	10	0	32
17	☽●♄	7	13	0	37
18	☽☌♂	6	31	3	7
19	☽☌♇	0pm	33	11	39
22	☽☌♅	5am	16	4	49
22	♀☍♆	4pm	42	3	36
24	☽☌♆	11am	58	3	9
24	☽☍♀	1pm	50	0	27
26	☽☍☿	10am	4	0	17
27	☽☍⊙	6pm	54	1	21
30	☽☍♃	7am	57	0	47
31	☽☍♄	4	55	0	46

AUGUST

1	☽☍♂	11am	50	3	49
1	☽☍♇	10pm	58	11	30
4	☽☍♅	5am	31	4	51
6	☽☍♆	7	27	3	11
7	☽●♀	1	53	0	18
9	☽☌☿	9	8	1	55
10	☽☌●	7pm	9	0	10
12	♂☌♇	6	32	15	44
12	☽●♃	9	36	1	1
13	☽●♄	8	18	0	53
15	☽☌♇	9	11	11	23
16	☽☌♂	1am	11	4	28
18	☽☌♅	1pm	41	4	52
20	☽☌♆	8	26	3	13
22	☽☍♀	4	26	0	4
26	☽☍☿	3am	4	0	35
26	☽☍⊙	3	42	1	5
26	⊙☌☿	11	53	1	38
27	☽☍♃	2	19	1	14
27	☽☍♄	6pm	21	1	0
29	☽☍♇	7am	23	11	18
30	☽☍♂	0	31	4	58
31	☽☍♅	0pm	8	4	51

SEPTEMBER

2	☽☍♆	0pm	34	3	12
3	☿☌♃	1	34	0	16
5	☽●♀	9am	46	0	2
9	☿☌♄	4	31	1	10
9	☽☌⊙	10	0	2	10
9	☽☌♃	4pm	11	1	26
10	☽☌♄	9am	38	1	6
10	☽☌☿	2pm	5	2	33
12	☽☌♇	5am	44	11	15
13	⊙☌♃	9	59	0	57
13	☽☌♂	10pm	5	5	22
14	☽☌♅	10	19	4	47
17	☽☌♆	4am	36	3	8
21	☽☍♀	7	46	0	17
23	⊙☌♄	2	9	1	54
23	☿☌♇	10	37	16	18
23	☽☍♃	10pm	36	1	39
24	☽☍♄	10am	12	1	12
24	☽☍⊙	0pm	8	3	10
25	☽☍♇	6	36	11	13
26	☽☍☿	0am	12	5	32
27	☽☍♂	4pm	35	5	36
27	☽☍♅	9	47	4	44
29	☽☍♆	7	29	3	4

OCTOBER

2	♂☌♅	2pm	28	0	55
5	☽●♀	7am	5	0	42
7	☽☌♃	10	15	1	50
7	☽☌♄	10pm	38	1	17
9	☽☌⊙	2am	50	3	56
9	☽☌♇	2pm	0	11	13
11	☽☌☿	10am	3	7	35
12	☽☌♅	6	59	4	39
12	☽☌♂	8pm	27	5	37
14	☽☌♆	0pm	0	2	56
14	⊙☌♇	9	41	15	24
21	☽☍♀	2am	47	1	22
21	☽☍♃	6pm	55	2	4
22	☽☍♄	2am	39	1	25
23	☽☍♇	7	28	11	12
23	☽☍⊙	8pm	52	4	31
25	☽☍☿	2am	46	7	32
25	☽☍♅	10	22	4	36
26	☽☍♂	11	54	5	27
27	☽☍♆	5	19	2	51
31	♀☌♃	0	38	0	23

NOVEMBER

3	⊙☌☿	9am	32	0	23
3	♀☌♄	5pm	12	0	28
4	☽☌♃	3am	33	2	15
4	☽☌♄	11	8	1	31
4	☽☌♀	1pm	0	2	1
5	☽☌♇	10	17	11	12
7	☽☌☿	2am	50	3	52
7	☽☌⊙	8pm	43	4	46
8	☽☌♅	4	2	4	33
10	♂☌♆	7am	27	2	18
10	☽☌♆	7pm	7	2	43
10	☽☌♂	7	51	5	0
18	⊙☌♅	1am	16	0	13
18	♀☌♇	9	11	13	49
18	☽☍♃	1pm	3	2	28
18	☽☍♄	5	19	1	39
19	☽☍♇	7	47	11	10
19	☽☍♀	10	47	2	42
20	☽☍☿	9	38	2	33

DISTANCES APART OF ALL ☌'s AND ☍'s IN 1980.

Note: The Distances Apart are in Declination.

NOVEMBER—*cont.*

22	☽ ☍ ♅	0*am*15	4 33
22	☽ ☍ ☉	6 39	4 43
23	☽ ☍ ♆	5*pm*27	2 40
24	☽ ☍ ♂	10*am*19	4 25

DECEMBER

1	☽ ☌ ♃	7*pm*40	2 37
1	☽ ☌ ♄	11 3	1 45
3	☽ ☌ ♇	6*am*511	1 10

DECEMBER—*cont.*

3	☿ ☌ ♅	5*pm*17	0 51
4	☽ ☌ ♀	11 6	3 12
6	☽ ☌ ♅	1*am*58	4 33
6	☽ ☌ ☿	9 42	3 57
7	☽ ☌ ☉	2*pm*35	4 13
8	☽ ☌ ♆	3*am* 9	2 36
9	☽ ☌ ♂	7*pm*57	3 32
14	☉ ☌ ♆	5*am*32	1 18

DECEMBER—*cont.*

16	☽ ☍ ♃	2*am*57	2 47
16	☽ ☍ ♄	4 16	1 51
16	♀ ☌ ♅	7 30	1 10
17	☽ ☍ ♇	5 28	11 10
19	☽ ☍ ♅	1*pm* 0	4 36
19	☽ ☍ ♀	7 50	3 26
20	☿ ☌ ♆	11*am*58	2 8
21	☽ ☍ ♆	5 51	2 35

DECEMBER—*cont.*

21	☽ ☍ ☿	7*am*57	4 43
21	☽ ☍ ☉	6*pm* 8	3 25
23	☽ ☍ ♂	11*am*18	2 37
29	☽ ☌ ♃	9 46	2 52
29	☽ ☌ ♄	9 59	1 55
30	☽ ☌ ♇	3*pm*44	11 12
31	☉ ☌ ☿	10*am* 5	1 45
31	♃ ☌ ♄	9*pm*14	0 58

TIME WHEN THE SUN, MOON AND PLANETS ENTER THE ZODIACAL SIGNS IN 1980

JANUARY

1	☽ ♋	0*pm*30
2	☿ ♑	8*am* 3
3	☽ ♌	8*pm*49
6	☽ ♍	7*am*50
8	☽ ♎	8*pm*38
11	☽ ♏	8*am*55
13	☽ ♐	6*pm*17
15	☽ ♑	11 52
16	♀ ♓	3*am*38
18	☽ ♒	2 25
20	☽ ♓	3 34
20	☉ ♒	9*pm*50
21	☿ ♒	2*am*20
22	☽ ♈	4 53
24	☽ ♉	7 33
26	☽ ♊	0*pm*12
28	☽ ♋	7 4
31	☽ ♌	4*am*10

FEBRUARY

2	☽ ♍	3*pm*22
5	☽ ♎	4*am* 5
7	☿ ♓	8 8
7	☽ ♏	4*pm*46
9	♀ ♈	11 41
10	☽ ♐	3*am*19
12	☽ ♑	10 12
14	☽ ♒	1*pm*20
16	☽ ♓	1 55
18	☽ ♈	1 44
19	☉ ♓	0 3
20	☽ ♉	2 36
22	☽ ♊	6 0
25	☽ ♋	0*am*35
27	☽ ♌	10 11
29	☽ ♍	9*pm*54

MARCH

3	☽ ♎	10*am*41
5	☽ ♏	11*pm*23
6	♀ ♉	6 56
8	☽ ♐	10*am*39
10	☽ ♑	7*pm* 1
11	♂ ♌	8 42
12	☽ ♒	11 46
15	☽ ♓	1*am*11
17	☽ ♈	0 42
19	☽ ♉	0 14
20	☉ ♈	11*am*11
21	☽ ♊	1 49
23	☽ ♋	6 58
25	☽ ♌	4*pm* 0
28	☽ ♍	3*am*53
30	☽ ♎	4*pm*49

APRIL

2	☽ ♏	5*am*22
3	♀ ♊	7*pm*47
4	☽ ♐	4 35
7	☽ ♑	1*am*43
9	☽ ♒	7 59
11	☽ ♓	11 7
13	☽ ♈	11 41
14	☿ ♈	3*pm*59
15	☽ ♉	11*am*11
17	☽ ♊	11 42
19	☽ ♋	3*pm*13
19	☉ ♉	10 24
21	☽ ♌	10 53
24	☽ ♍	10*am*13
26	☽ ♎	11*pm*10
29	☽ ♏	11*am*35

MAY

1	☽ ♐	10*pm*22
2	☿ ♉	10*am*56
4	♂ ♍	2 29
4	☽ ♑	7 14
6	☽ ♒	2*pm* 4
8	☽ ♓	6 33
10	☽ ♈	8 45
12	♀ ♋	8 53
12	☽ ♉	9 25
14	☽ ♊	10 9
16	☿ ♊	5 7
17	☽ ♋	0*am*53
19	☽ ♌	7 16
20	☉ ♊	9*pm*43
21	☽ ♍	5 34
24	☽ ♎	6*am*12
26	☽ ♏	6*pm*37
29	☽ ♐	5*am* 5
31	☽ ♑	1*pm*15
31	☿ ♋	10 7

JUNE

2	☽ ♒	7*pm*30
5	☽ ♓	0*am*11
5	♀ ♊	5 27
7	☽ ♈	3 24
9	☽ ♉	5 30
11	☽ ♊	7 24
13	☽ ♋	10 30
15	☽ ♌	4*pm*24
18	☽ ♍	1*am*48
20	☽ ♎	1*pm*56
21	☉ ♋	5*am*48
23	☽ ♏	2 27
25	☽ ♐	1*pm* 2
27	☽ ♑	8 46
30	☽ ♒	2*am* 4

JULY

2	☽ ♓	5*am*49
4	☽ ♈	8 47
6	☽ ♉	11 31
8	☽ ♊	2*pm*35
10	♂ ♎	6 0
10	☽ ♋	6 46
13	☽ ♌	1*am* 4
15	☽ ♍	10 12
17	☽ ♎	9*pm*56
20	☽ ♏	10*am*34
22	☉ ♌	4*pm*43
22	☽ ♐	9 42
25	☽ ♑	5*am*44
27	☽ ♒	10 35
29	☽ ♓	1*pm*11
31	☽ ♈	2 54

AUGUST

2	☽ ♉	4*pm*56
4	☽ ♊	8 11
6	♀ ♋	2 27
7	☽ ♋	1*am*13
9	☿ ♌	3 31
9	☽ ♌	8 25
11	☽ ♍	5*pm*56
14	☽ ♎	5*am*33
16	☽ ♏	6*pm*15
19	☽ ♐	6*am* 8
21	☽ ♑	3*pm*11
22	☉ ♍	11 42
23	☽ ♒	8 32
24	☿ ♍	6 48
25	☽ ♓	10 44
27	☽ ♈	11 11
29	♂ ♏	5*am*46
29	☽ ♉	11*pm*42

SEPTEMBER

1	☽ ♊	1*am*51
3	☽ ♋	6 41
5	☽ ♌	2*pm*24
7	♀ ♌	5 58
8	☽ ♍	0*am*32
10	☿ ♎	2 1
10	☽ ♎	0*pm*23
13	☽ ♏	1*am* 7
15	☽ ♐	1*pm*28
17	☽ ♑	11 46
20	☽ ♒	6*am*30
21	♄ ♎	1 49
22	☽ ♓	9 27
22	☉ ♎	9*pm*10
24	☽ ♈	9*am*38
26	☽ ♉	8 54
28	☽ ♊	9 22
30	☿ ♏	1 17
30	☽ ♋	0*pm*48

OCTOBER

2	☽ ♌	7*pm*59
4	♀ ♍	11 8
5	☽ ♍	6*am*20
7	☽ ♎	6*pm*31
10	☽ ♏	7*am*15
12	♂ ♐	6 28
12	☽ ♐	7*pm*38
15	☽ ♑	6*am*37
17	☽ ♒	2*pm*53
19	☽ ♓	7 31
21	☽ ♈	8 43
23	☉ ♏	6*am*18
23	☽ ♉	7*pm*56
25	☽ ♊	7 19
27	♃ ♎	10*am*12
27	☽ ♋	9*pm* 2
30	☽ ♌	2*am*40
30	♀ ♎	10 39

NOVEMBER

1	☽ ♍	0*pm*19
4	☽ ♎	0*am*32
6	☽ ♏	1*pm*20
9	☽ ♐	1*am*26
11	☽ ♑	0*pm*16
13	☽ ♒	9 10
16	☽ ♓	3*am*21
18	☽ ♈	6 21
20	☽ ♉	6 51
22	♂ ♑	1 44
22	☉ ♐	3 43
22	☽ ♊	6 28
24	♀ ♏	1 36
24	☽ ♋	7 21
26	☽ ♌	11 24
28	☽ ♍	7*pm*39

DECEMBER

1	☽ ♎	7*am*14
3	☽ ♏	8*pm* 1
5	☿ ♐	7 46
6	☽ ♐	7*am*58
8	☽ ♑	6*pm*12
11	☽ ♒	2*am*36
13	☽ ♓	9 4
15	☽ ♈	1*pm*22
17	☽ ♉	3 37
18	♀ ♐	6*am*22
19	☽ ♊	4*pm*40
21	☉ ♑	4 57
21	☽ ♋	6 5
23	☽ ♌	9 35
25	☿ ♑	4*am*47
26	☽ ♍	4 34
28	☽ ♎	3*pm* 6
30	♐ ♒	10 31
31	☽ ♏	3*am*37

LOCAL MEAN TIME OF SUNRISE FOR LATITUDES
60° North to 50° South
FOR ALL SUNDAYS IN 1980 (ALL TIMES ARE A.M.)

	Northern Latitudes									Southern Latitudes				
Date	LON-DON	60°	55°	50°	40°	30°	20°	10°	0°	10°	20°	30°	40°	50°
	H M	H M	H M	H M	H M	H M	H M	H M	H M	H M	H M	H M	H M	H M
1979 Dec. 30	8 6	9 3	8 25	7 59	7 22	6 55	6 34	6 16	5 59	5 41	5 23	5 1	4 33	3 53
1980 Jan. 6	8 5	9 0	8 24	7 58	7 22	6 57	6 37	6 19	6 2	5 45	5 27	5 6	4 39	4 1
,, 13	8 1	8 52	8 18	7 55	7 21	6 57	6 38	6 21	6 5	5 49	5 32	5 11	4 46	4 10
,, 20	7 55	8 41	8 11	7 49	7 18	6 56	6 38	6 22	6 7	5 52	5 36	5 17	4 54	4 20
,, 27	7 47	8 27	8 1	7 42	7 14	6 54	6 37	6 23	6 9	5 56	5 41	5 24	5 2	4 32
Feb. 3	7 36	8 11	7 49	7 32	7 8	6 50	6 35	6 23	6 10	5 58	5 45	5 30	5 11	4 44
,, 10	7 25	7 54	7 35	7 21	7 0	6 45	6 32	6 21	6 11	6 0	5 49	5 36	5 19	4 56
,, 17	7 12	7 35	7 20	7 8	6 51	6 39	6 29	6 20	6 11	6 2	5 53	5 42	5 28	5 9
,, 24	6 57	7 15	7 4	6 55	6 42	6 32	6 24	6 17	6 10	6 3	5 56	5 47	5 36	5 21
Mar. 2	6 43	6 55	6 47	6 41	6 32	6 25	6 19	6 14	6 9	6 4	5 58	5 52	5 44	5 33
,, 9	6 27	6 34	6 30	6 26	6 21	6 17	6 13	6 10	6 7	6 4	6 1	5 57	5 52	5 45
,, 16	6 11	6 13	6 12	6 11	6 10	6 9	6 8	6 6	6 5	6 4	6 3	6 1	5 59	5 56
,, 23	5 55	5 52	5 54	5 56	5 59	6 0	6 1	6 2	6 3	6 4	6 5	6 5	6 6	6 7
,, 30	5 39	5 30	5 36	5 41	5 47	5 52	5 55	5 58	6 1	6 4	6 7	6 10	6 13	6 18
Apr. 6	5 24	5 9	5 18	5 25	5 36	5 43	5 49	5 54	5 59	6 4	6 9	6 14	6 20	6 29
,, 13	5 8	4 49	5 1	5 11	5 25	5 35	5 44	5 51	5 57	6 4	6 10	6 18	6 27	6 39
,, 20	4 53	4 28	4 44	4 57	5 15	5 28	5 38	5 47	5 56	6 4	6 13	6 22	6 34	6 51
,, 27	4 39	4 8	4 28	4 43	5 5	5 21	5 33	5 44	5 54	6 4	6 15	6 27	6 41	7 1
May 4	4 26	3 50	4 13	4 31	4 56	5 15	5 29	5 42	5 53	6 5	6 17	6 31	6 48	7 11
,, 11	4 14	3 31	3 59	4 19	4 48	5 9	5 26	5 40	5 53	6 6	6 20	6 36	6 55	7 22
,, 18	4 3	3 15	3 47	4 10	4 42	5 5	5 23	5 39	5 53	6 7	6 23	6 40	7 1	7 31
,, 25	3 55	3 1	3 36	4 2	4 37	5 1	5 21	5 38	5 53	6 9	6 25	6 44	7 7	7 40
June 1	3 48	2 49	3 28	3 56	4 33	4 59	5 20	5 38	5 54	6 11	6 28	6 48	7 13	7 47
,, 8	3 44	2 40	3 23	3 52	4 31	4 58	5 20	5 38	5 56	6 13	6 31	6 51	7 17	7 53
,, 15	3 42	2 36	3 20	3 50	4 30	4 58	5 20	5 39	5 57	6 14	6 33	6 54	7 20	7 58
,, 22	3 43	2 36	3 21	3 51	4 32	5 0	5 22	5 41	5 58	6 16	6 35	6 56	7 22	8 0
,, 29	3 46	2 41	3 25	3 54	4 34	5 2	5 24	5 43	6 0	6 17	6 36	6 57	7 23	8 0
July 6	3 51	2 48	3 31	3 59	4 37	5 5	5 26	5 44	6 1	6 18	6 36	6 56	7 22	7 58
,, 13	3 59	3 1	3 39	4 6	4 43	5 8	5 29	5 46	6 2	6 18	6 35	6 55	7 19	7 53
,, 20	4 7	3 15	3 49	4 14	4 48	5 12	5 31	5 48	6 3	6 18	6 34	6 52	7 15	7 47
,, 27	4 17	3 29	4 1	4 22	4 54	5 16	5 34	5 49	6 3	6 17	6 32	6 49	7 9	7 38
Aug. 3	4 27	3 46	4 13	4 33	5 1	5 20	5 36	5 50	6 3	6 15	6 29	6 44	7 3	7 28
,, 10	4 38	4 3	4 26	4 43	5 7	5 25	5 39	5 51	6 2	6 13	6 25	6 38	6 54	7 17
,, 17	4 49	4 19	4 39	4 53	5 13	5 28	5 41	5 51	6 1	6 10	6 20	6 32	6 45	7 4
,, 24	5 0	4 37	4 52	5 4	5 21	5 33	5 43	5 51	5 59	6 7	6 15	6 24	6 35	6 50
,, 31	5 12	4 53	5 5	5 14	5 27	5 37	5 44	5 51	5 57	6 3	6 9	6 16	6 25	6 36
Sept. 7	5 23	5 9	5 18	5 24	5 33	5 40	5 46	5 50	5 55	5 59	6 3	6 8	6 14	6 22
,, 14	5 34	5 26	5 31	5 35	5 40	5 44	5 47	5 50	5 52	5 55	5 57	5 59	6 2	6 6
,, 21	5 45	5 43	5 44	5 45	5 47	5 48	5 49	5 49	5 50	5 50	5 50	5 51	5 51	5 50
,, 28	5 56	5 58	5 57	5 55	5 53	5 52	5 50	5 49	5 47	5 46	5 44	5 42	5 39	5 36
Oct. 5	6 8	6 16	6 11	6 7	6 1	5 56	5 52	5 49	5 45	5 42	5 38	5 33	5 28	5 20
,, 12	6 20	6 33	6 24	6 18	6 8	6 0	5 54	5 49	5 43	5 38	5 32	5 25	5 17	5 5
,, 19	6 31	6 49	6 38	6 28	6 15	6 5	5 56	5 49	5 42	5 34	5 27	5 18	5 6	4 51
,, 26	6 44	7 8	6 52	6 40	6 23	6 10	5 59	5 50	5 41	5 32	5 22	5 11	4 56	4 37
Nov. 2	6 56	7 26	7 7	6 52	6 31	6 15	6 2	5 51	5 40	5 30	5 18	5 4	4 48	4 24
,, 9	7 8	7 43	7 21	7 3	6 38	6 20	6 6	5 53	5 40	5 28	5 15	4 59	4 40	4 13
,, 16	7 20	8 1	7 35	7 15	6 47	6 26	6 10	5 55	5 42	5 28	5 13	4 55	4 34	4 3
,, 23	7 32	8 18	7 48	7 26	6 55	6 32	6 14	5 58	5 43	5 28	5 12	4 53	4 29	3 55
,, 30	7 43	8 33	8 0	7 36	7 2	6 38	6 18	6 1	5 45	5 29	5 12	4 51	4 26	3 49
Dec. 7	7 52	8 47	8 10	7 45	7 9	6 43	6 23	6 5	5 48	5 31	5 13	4 52	4 25	3 46
,, 14	7 59	8 57	8 18	7 52	7 14	6 48	6 27	6 9	5 51	5 34	5 15	4 53	4 25	3 45
,, 21	8 4	9 2	8 23	7 56	7 18	6 52	6 31	6 12	5 54	5 37	5 18	4 56	4 28	3 47
,, 28	8 6	9 4	8 26	7 59	7 21	6 55	6 34	6 16	5 58	5 41	5 22	5 0	4 32	3 52
1981 Jan. 4	8 5	9 1	8 24	7 58	7 22	6 57	6 36	6 18	6 2	5 45	5 26	5 5	4 38	3 59

Example:—To find the time of Sunrise in Jamaica. (Latitude 18°N.) on Wednesday June 11th. 1980. On June 8th. L.M.T. = 5h. 20m. + $\frac{2}{10}$ × 18m. = 5h. 24m. on June 15th. L.M.T. = 5h. 20m. + $\frac{2}{10}$ × 19m. = 5h. 24m., therefore L.M.T. on June 11th. = 5h. 24m. + $\frac{3}{7}$ × 0m. = 5h. 24m. A.M.

LOCAL MEAN TIME OF SUNSET FOR LATITUDES
60° North to 50° South
FOR ALL SUNDAYS IN 1980 (ALL TIMES ARE P.M.)

	NORTHERN LATITUDES									SOUTHERN LATITUDES				
Date	LON-DON-	60°	55°	50°	40°	30°	20°	10°	0°	10°	20°	30°	40°	50°
1979	H M	H M	H M	H M	H M	H M	H M	H M	H M	H M	H M	H M	H M	H M
Dec. 30	3 59	3 2	3 40	4 7	4 44	5 10	5 31	5 49	6 6	6 23	6 42	7 4	7 32	8 12
1980														
Jan. 6	4 7	3 12	3 48	4 14	4 49	5 15	5 35	5 53	6 9	6 26	6 44	7 6	7 32	8 11
" 13	4 16	3 25	3 58	4 22	4 56	5 20	5 39	5 56	6 12	6 28	6 45	7 5	7 31	8 7
" 20	4 27	3 42	4 11	4 33	5 4	5 26	5 44	6 0	6 14	6 29	6 46	7 4	7 28	8 1
" 27	4 39	3 59	4 25	4 44	5 12	5 32	5 48	6 3	6 16	6 30	6 45	7 2	7 23	7 53
Feb. 3	4 51	4 17	4 39	4 56	5 20	5 38	5 53	6 5	6 17	6 30	6 43	6 58	7 17	7 43
" 10	5 4	4 36	4 54	5 8	5 29	5 44	5 56	6 7	6 18	6 28	6 39	6 52	7 9	7 31
" 17	5 17	4 54	5 9	5 20	5 37	5 50	6 0	6 9	6 18	6 26	6 36	6 47	7 1	7 19
" 24	5 29	5 12	5 23	5 32	5 45	5 55	6 3	6 10	6 17	6 24	6 31	6 40	6 51	7 6
Mar. 2	5 42	5 30	5 38	5 44	5 53	6 0	6 6	6 11	6 15	6 20	6 26	6 32	6 40	6 51
" 9	5 54	5 47	5 52	5 55	6 0	6 4	6 8	6 11	6 14	6 17	6 20	6 25	6 30	6 37
" 16	6 6	6 5	6 6	6 6	6 8	6 9	6 10	6 11	6 12	6 13	6 15	6 16	6 18	6 21
" 23	6 18	6 22	6 19	6 18	6 15	6 13	6 12	6 11	6 10	6 9	6 8	6 7	6 6	6 5
" 30	6 30	6 39	6 33	6 29	6 22	6 18	6 14	6 11	6 8	6 5	6 2	5 59	5 56	5 51
Apr. 6	6 42	6 56	6 47	6 40	6 29	6 22	6 16	6 11	6 6	6 1	5 56	5 51	5 45	5 36
" 13	6 53	7 13	7 0	6 51	6 36	6 26	6 18	6 10	6 4	5 57	5 50	5 43	5 33	5 21
" 20	7 5	7 30	7 14	7 1	6 43	6 30	6 20	6 11	6 2	5 54	5 45	5 36	5 24	5 7
" 27	7 16	7 47	7 27	7 12	6 51	6 35	6 22	6 11	6 1	5 51	5 41	5 29	5 14	4 54
May 4	7 28	8 6	7 41	7 23	6 58	6 39	6 25	6 12	6 0	5 49	5 36	5 22	5 5	4 42
" 11	7 39	8 22	7 54	7 33	7 4	6 44	6 27	6 13	6 0	5 47	5 33	5 17	4 58	4 31
" 18	7 50	8 39	8 6	7 43	7 11	6 48	6 30	6 15	6 0	5 46	5 30	5 13	4 52	4 22
" 25	7 59	8 54	8 18	7 53	7 17	6 53	6 33	6 16	6 0	5 45	5 29	5 10	4 46	4 14
June 1	8 8	9 7	8 28	8 0	7 23	6 56	6 36	6 18	6 2	5 45	5 28	5 8	4 43	4 8
" 8	8 14	9 18	8 35	8 7	7 27	7 0	6 38	6 20	6 3	5 46	5 28	5 7	4 41	4 5
" 15	8 19	9 25	8 41	8 11	7 31	7 3	6 41	6 22	6 4	5 47	5 28	5 7	4 41	4 3
" 22	8 21	9 28	8 43	8 13	7 33	7 4	6 42	6 23	6 6	5 48	5 30	5 8	4 42	4 4
" 29	8 21	9 26	8 43	8 13	7 33	7 5	6 43	6 25	6 7	5 50	5 32	5 11	4 44	4 7
July 6	8 18	9 20	8 39	8 10	7 32	7 5	6 44	6 25	6 8	5 52	5 34	5 13	4 48	4 12
" 13	8 13	9 11	8 33	8 6	7 29	7 3	6 43	6 26	6 9	5 53	5 36	5 17	4 52	4 18
" 20	8 6	8 58	8 24	7 59	7 25	7 1	6 42	6 25	6 10	5 55	5 39	5 21	4 58	4 26
" 27	7 56	8 42	8 12	7 50	7 19	6 57	6 39	6 24	6 10	5 56	5 41	5 25	5 4	4 35
Aug. 3	7 45	8 26	7 59	7 40	7 12	6 52	6 36	6 22	6 10	5 57	5 44	5 29	5 10	4 44
" 10	7 33	8 8	7 45	7 28	7 3	6 46	6 32	6 20	6 9	5 58	5 46	5 33	5 16	4 54
" 17	7 19	7 47	7 29	7 14	6 54	6 39	6 27	6 17	6 7	5 58	5 48	5 37	5 23	5 4
" 24	7 4	7 28	7 13	7 1	6 44	6 32	6 22	6 14	6 6	5 58	5 50	5 41	5 30	5 14
" 31	6 49	7 7	6 56	6 47	6 34	6 24	6 16	6 10	6 4	5 58	5 51	5 45	5 36	5 25
Sept. 7	6 33	6 45	6 38	6 31	6 22	6 15	6 10	6 5	6 1	5 57	5 53	5 48	5 43	5 35
" 14	6 17	6 25	6 20	6 16	6 11	6 7	6 4	6 1	5 59	5 57	5 54	5 52	5 49	5 45
" 21	6 1	6 3	6 2	6 1	5 59	5 58	5 57	5 57	5 56	5 56	5 56	5 56	5 56	5 56
" 28	5 45	5 41	5 44	5 45	5 47	5 49	5 51	5 52	5 54	5 55	5 57	6 0	6 3	6 7
Oct. 5	5 29	5 21	5 26	5 30	5 36	5 41	5 45	5 48	5 52	5 55	5 59	6 4	6 9	6 17
" 12	5 14	5 0	5 9	5 15	5 25	5 33	5 39	5 45	5 50	5 55	6 1	6 8	6 17	6 28
" 19	4 59	4 39	4 52	5 1	5 15	5 25	5 33	5 41	5 48	5 56	6 4	6 13	6 24	6 40
" 26	4 45	4 21	4 36	4 48	5 5	5 18	5 29	5 39	5 48	5 57	6 6	6 18	6 32	6 51
Nov. 2	4 32	4 2	4 21	4 36	4 57	5 12	5 25	5 37	5 47	5 58	6 10	6 23	6 40	7 3
" 9	4 20	3 44	4 7	4 24	4 49	5 7	5 22	5 35	5 47	6 0	6 13	6 29	6 48	7 16
" 16	4 10	3 29	3 55	4 15	4 43	5 4	5 20	5 35	5 49	6 2	6 17	6 35	6 56	7 27
" 23	4 1	3 15	3 45	4 7	4 39	5 1	5 19	5 35	5 50	6 5	6 22	6 41	7 4	7 38
" 30	3 55	3 4	3 38	4 2	4 36	5 0	5 19	5 36	5 52	6 9	6 26	6 46	7 12	7 49
Dec. 7	3 52	2 57	3 33	3 59	4 35	5 0	5 21	5 39	5 55	6 12	6 31	6 52	7 19	7 58
" 14	3 51	2 53	3 32	3 58	4 36	5 2	5 23	5 41	5 59	6 16	6 35	6 57	7 24	8 5
" 21	3 53	2 54	3 33	4 0	4 38	5 5	5 26	5 45	6 2	6 20	6 39	7 1	7 29	8 10
" 28	3 58	3 0	3 38	4 5	4 42	5 9	5 30	5 48	6 6	6 23	6 42	7 4	7 32	8 12
1981														
Jan. 4	4 5	3 10	3 46	4 12	4 48	5 14	5 34	5 52	6 9	6 26	6 44	7 5	7 32	8 11

Example:—To find the time of Sunset in Canberra (Latitude 35·3°S.) on Friday August 1st. 1980 On July 27th. L.M.T. = 5h. 25m. − $\frac{5\cdot3}{10}$ × 21m = 5h. 14m., on August 3rd. L.M.T. = 5h. 29m. − $\frac{5\cdot3}{10}$ × 19m. = 5h. 19m., therefore L.M.T. on August 1st. = 5h. 14m. + $\frac{5}{7}$ × 5m. = 5h. 18m. P.M.

TABLES OF HOUSES FOR LONDON, Latitude 51° 32′ *N.*

Sidereal Time. H.	M.	S.	10 ♈ °	11 ♉ °	12 ♊ °	Ascen ♋ °	′	2 ♌ °	3 ♍ °
0	0	0	0	9	22	26	36	12	3
0	3	40	1	10	23	27	17	13	3
0	7	20	2	11	24	27	56	14	4
0	11	0	3	12	25	28	42	15	5
0	14	41	4	13	25	29	17	15	6
0	18	21	5	14	26	29	55	16	7
0	22	2	6	15	27	0 ♌	34	17	8
0	25	42	7	16	28	1	14	18	8
0	29	23	8	17	29	1	55	18	9
0	33	4	9	18	♋	2	33	19	10
0	36	45	10	19	1	3	14	20	11
0	40	26	11	20	1	3	54	20	12
0	44	8	12	21	2	4	33	21	13
0	47	50	13	22	3	5	12	22	14
0	51	32	14	23	4	5	52	23	15
0	55	14	15	24	5	6	30	23	15
0	58	57	16	25	6	7	9	24	16
1	2	40	17	26	6	7	50	25	17
1	6	23	18	27	7	8	30	26	18
1	10	7	19	28	8	9	9	26	19
1	13	51	20	29	9	9	48	27	19
1	17	35	21	♊	10	10	28	28	20
1	21	20	22	1	10	11	8	28	21
1	25	6	23	2	11	11	48	29	22
1	28	52	24	3	12	12	28	♍	23
1	32	38	25	4	13	13	8	1	24
1	36	25	26	5	14	13	48	1	25
1	40	12	27	6	14	14	28	2	25
1	44	0	28	7	15	15	8	3	26
1	47	48	29	8	16	15	48	4	27
1	51	37	30	9	17	16	28	4	28

Sidereal Time. H.	M.	S.	10 ♉ °	11 ♊ °	12 ♋ °	Ascen ♌ °	′	2 ♍ °	3 ♍ °
1	51	37	0	9	17	16	28	4	28
1	55	27	1	10	18	17	8	5	29
1	59	17	2	11	19	17	48	6	♎
2	3	8	3	12	19	18	28	7	1
2	6	59	4	13	20	19	9	8	2
2	10	51	5	14	21	19	49	9	2
2	14	44	6	15	22	20	29	9	3
2	18	37	7	16	22	21	10	10	4
2	22	31	8	17	23	21	51	11	5
2	26	25	9	18	24	22	32	11	6
2	30	20	10	19	25	23	14	12	7
2	34	16	11	20	25	23	55	13	8
2	38	13	12	21	26	24	36	14	9
2	42	10	13	22	27	25	17	15	10
2	46	8	14	23	28	25	58	15	11
2	50	7	15	24	29	26	40	16	12
2	54	7	16	25	29	27	22	17	12
2	58	7	17	26	♌	28	4	18	13
3	2	8	18	27	1	28	46	18	14
3	6	9	19	27	2	29	28	19	15
3	10	12	20	28	3	0 ♍	12	20	16
3	14	15	21	29	3	0	54	21	17
3	18	19	22	♋	4	1	36	22	18
3	22	23	23	1	5	2	20	22	19
3	26	29	24	2	6	3	2	23	20
3	30	35	25	3	7	3	45	24	21
3	34	41	26	4	7	4	28	25	22
3	38	49	27	5	8	5	11	26	23
3	42	57	28	6	9	5	54	27	24
3	47	6	29	7	10	6	38	27	25
3	51	15	30	8	11	7	21	28	25

Sidereal Time. H.	M.	S.	10 ♊ °	11 ♋ °	12 ♌ °	Ascen ♍ °	′	2 ♍ °	3 ♎ °
3	51	15	0	8	11	7	21	28	25
3	55	25	1	9	12	8	5	29	26
3	59	36	2	10	12	8	49	♎	27
4	3	48	3	10	13	9	33	1	28
4	8	0	4	11	14	10	17	2	29
4	12	13	5	12	15	11	2	2	♏
4	16	26	6	13	16	11	46	3	1
4	20	40	7	14	17	12	30	4	2
4	24	55	8	15	17	13	15	5	3
4	29	10	9	16	18	14	0	6	4
4	33	26	10	17	19	14	45	7	5
4	37	42	11	18	20	15	30	8	6
4	41	59	12	19	21	16	15	8	7
4	46	16	13	20	21	17	0	9	8
4	50	34	14	21	22	17	45	10	9
4	54	52	15	22	23	18	30	11	10
4	59	10	16	23	24	19	16	12	11
5	3	29	17	24	25	20	3	13	12
5	7	49	18	25	26	20	49	14	13
5	12	9	19	25	27	21	35	14	14
5	16	29	20	26	28	22	20	15	14
5	20	49	21	27	28	23	6	16	15
5	25	9	22	28	29	23	51	17	16
5	29	30	23	29	♍	24	37	18	17
5	33	51	24	♌	1	25	23	19	18
5	38	12	25	1	2	26	9	20	19
5	42	34	26	2	3	26	55	21	20
5	46	55	27	3	4	27	41	21	21
5	51	17	28	4	4	28	27	22	22
5	55	38	29	5	5	29	13	23	23
6	0	0	30	6	6	30	0	24	24

Sidereal Time. H.	M.	S.	10 ♋ °	11 ♌ °	12 ♍ °	Ascen ♎ °	′	2 ♎ °	3 ♏ °
6	0	0	0	6	6	0	0	24	24
6	4	22	1	7	7	0	47	25	25
6	8	43	2	8	8	1	33	26	26
6	13	5	3	9	9	2	19	27	27
6	17	26	4	10	10	3	5	27	28
6	21	48	5	11	10	3	51	28	29
6	26	9	6	12	11	4	37	29	♐
6	30	30	7	13	12	5	23	♏	1
6	34	51	8	14	13	6	9	1	2
6	39	11	9	15	14	6	55	2	3
6	43	31	10	16	15	7	40	2	4
6	47	51	11	16	16	8	26	3	4
6	52	11	12	17	16	9	12	4	5
6	56	31	13	18	17	9	58	5	6
7	0	50	14	19	18	10	43	6	7
7	5	8	15	20	19	11	28	7	8
7	9	26	16	21	20	12	14	8	9
7	13	44	17	22	21	12	59	8	10
7	18	1	18	23	22	13	45	9	11
7	22	18	19	24	23	14	30	10	12
7	26	34	20	25	24	15	15	11	13
7	30	50	21	26	25	16	0	12	14
7	35	5	22	27	25	16	45	13	15
7	39	20	23	28	26	17	30	13	16
7	43	34	24	29	27	18	15	14	17
7	47	47	25	♍	28	18	59	15	18
7	52	0	26	1	29	19	43	16	19
7	56	12	27	2	29	20	27	17	20
8	0	24	28	3	♎	21	11	18	20
8	4	35	29	4	1	21	56	18	21
8	8	45	30	5	2	22	40	19	22

Sidereal Time. H.	M.	S.	10 ♌ °	11 ♍ °	12 ♎ °	Ascen ♎ °	′	2 ♏ °	3 ♐ °
8	8	45	0	5	2	22	40	19	22
8	12	54	1	5	3	23	24	20	23
8	17	3	2	6	3	24	7	21	24
8	21	11	3	7	4	24	50	22	25
8	25	19	4	8	5	25	34	23	26
8	29	26	5	9	6	26	18	23	27
8	33	31	6	10	7	27	1	24	28
8	37	37	7	11	8	27	44	25	29
8	41	41	8	12	8	28	26	26	♑
8	45	45	9	13	9	29	8	27	1
8	49	48	10	14	10	29	50	27	2
8	53	51	11	15	11	0 ♏	32	28	3
8	57	52	12	16	12	1	15	29	4
9	1	53	13	17	12	1	58	♐	4
9	5	53	14	18	13	2	39	1	5
9	9	53	15	18	14	3	21	1	6
9	13	52	16	19	15	4	3	2	7
9	17	50	17	20	16	4	44	3	8
9	21	47	18	21	16	5	26	3	9
9	25	44	19	22	17	6	7	4	10
9	29	40	20	23	18	6	48	5	11
9	33	35	21	24	18	7	29	5	12
9	37	29	22	25	19	8	9	6	13
9	41	23	23	26	20	8	50	7	14
9	45	16	24	27	21	9	31	8	15
9	49	9	25	28	22	10	11	9	16
9	53	1	26	28	23	10	51	9	17
9	56	52	27	29	23	11	32	10	18
10	0	43	28	♎	24	12	12	11	19
10	4	33	29	1	25	12	53	12	20
10	8	23	30	2	26	13	33	13	20

Sidereal Time. H.	M.	S.	10 ♍ °	11 ♎ °	12 ♎ °	Ascen ♏ °	′	2 ♐ °	3 ♑ °
10	8	23	0	2	26	13	33	13	20
10	12	12	1	3	26	14	13	14	21
10	16	0	2	4	27	14	53	15	22
10	19	48	3	5	28	15	33	15	23
10	23	35	4	5	29	16	13	16	24
10	27	22	5	6	29	16	52	17	25
10	31	8	6	7	♏	17	32	18	26
10	34	54	7	8	1	18	12	19	27
10	38	40	8	9	2	18	52	20	28
10	42	25	9	10	2	19	31	20	29
10	46	9	10	11	3	20	11	21	♒
10	49	53	11	11	4	20	50	22	1
10	53	37	12	12	4	21	30	23	2
10	57	20	13	13	5	22	9	24	3
11	1	3	14	14	6	22	49	24	4
11	4	46	15	15	7	23	28	25	5
11	8	28	16	16	7	24	8	26	6
11	12	10	17	17	8	24	47	27	8
11	15	52	18	17	9	25	27	28	9
11	19	34	19	18	10	26	6	29	10
11	23	15	20	19	10	26	45	♑	11
11	26	56	21	20	11	27	25	0	12
11	30	37	22	21	12	28	5	1	13
11	34	18	23	22	13	28	44	2	14
11	37	58	24	23	13	29	24	3	15
11	41	39	25	23	14	0 ♐	3	4	16
11	45	19	26	24	15	0	43	5	17
11	49	0	27	25	15	1	23	6	18
11	52	40	28	26	16	2	3	6	19
11	56	20	29	27	17	2	43	7	20
12	0	0	30	27	17	3	23	8	21

TABLES OF HOUSES FOR LONDON, Latitude 51° 32′ N.

Sidereal Time H.	M.	S.	10 ♎ °	11 ♎ °	12 ♏ °	Ascen ♐ °	′	2 ♑ °	3 ♒ °
12	0	0	0	27	17	3	23	8	21
12	3	40	1	28	18	4	4	9	23
12	7	20	2	29	19	4	45	10	24
12	11	0	3	♏	20	5	26	11	25
12	14	41	4	1	20	6	7	12	26
12	18	21	5	1	21	6	48	13	27
12	22	2	6	2	22	7	29	14	28
12	25	42	7	3	23	8	10	15	29
12	29	23	8	4	23	8	51	16	♓
12	33	4	9	5	24	9	33	17	2
12	36	45	10	6	25	10	15	18	3
12	40	26	11	6	25	10	57	19	4
12	44	8	12	7	26	11	40	20	5
12	47	50	13	8	27	12	22	21	6
12	51	32	14	9	28	13	4	22	7
12	55	14	15	10	28	13	47	23	9
12	58	57	16	11	29	14	30	24	10
13	2	40	17	11	♐	15	14	25	11
13	6	23	18	12	1	15	59	26	12
13	10	7	19	13	1	16	44	27	13
13	13	51	20	14	2	17	29	28	15
13	17	35	21	15	3	18	14	29	16
13	21	20	22	16	4	19	0	♒	17
13	25	6	23	16	4	19	45	1	18
13	28	52	24	17	5	20	31	2	20
13	32	38	25	18	6	21	18	4	21
13	36	25	26	19	7	22	6	5	22
13	40	12	27	20	7	22	54	6	23
13	44	0	28	21	8	23	42	7	25
13	47	48	29	21	9	24	31	8	26
13	51	37	30	22	10	25	20	10	27

Sidereal Time H.	M.	S.	10 ♏ °	11 ♏ °	12 ♐ °	Ascen ♐ °	′	2 ♒ °	3 ♓ °
13	51	37	0	22	10	25	20	10	27
13	55	27	1	23	11	26	10	11	28
13	59	17	2	24	11	27	2	12	♈
14	3	8	3	25	12	27	53	14	1
14	6	59	4	26	13	28	45	15	2
14	10	51	5	26	14	29	36	16	4
14	14	44	6	27	15	0 ♑	29	18	5
14	18	37	7	28	15	1	23	19	6
14	22	31	8	29	16	2	18	20	8
14	26	25	9	♐	17	3	14	22	9
14	30	20	10	1	18	4	11	23	10
14	34	16	11	2	19	5	9	25	11
14	38	13	12	2	20	6	7	26	13
14	42	10	13	3	20	7	6	28	14
14	46	8	14	4	21	8	6	29	15
14	50	7	15	5	22	9	8	♓	17
14	54	7	16	6	23	10	11	2	18
14	58	7	17	7	24	11	15	4	19
15	2	8	18	8	25	12	20	6	21
15	6	9	19	9	26	13	27	8	22
15	10	12	20	9	27	14	35	9	23
15	14	15	21	10	27	15	43	11	24
15	18	19	22	11	28	16	52	13	26
15	22	23	23	12	29	18	3	14	27
15	26	29	24	13	♑	19	16	16	28
15	30	35	25	14	1	20	32	17	29
15	34	41	26	15	2	21	48	19	♉
15	38	49	27	16	3	23	8	21	2
15	42	57	28	17	4	24	29	22	3
15	47	6	29	18	5	25	51	24	5
15	51	15	30	18	6	27	15	26	6

Sidereal Time H.	M.	S.	10 ♐ °	11 ♐ °	12 ♑ °	Ascen ♑ °	′	2 ♓ °	3 ♉ °
15	51	15	0	18	6	27	15	26	6
15	55	25	1	19	7	28	42	28	7
15	59	36	2	20	8	0 ♒	11	♈	9
16	3	48	3	21	9	1	42	2	10
16	8	0	4	22	10	3	16	3	11
16	12	13	5	23	11	4	53	5	12
16	16	26	6	24	12	6	32	7	14
16	20	40	7	25	13	8	13	9	15
16	24	55	8	26	14	9	57	11	16
16	29	10	9	27	16	11	44	12	17
16	33	26	10	28	17	13	34	14	18
16	37	42	11	29	18	15	26	16	20
16	41	59	12	♑	19	17	20	18	21
16	46	16	13	1	20	19	18	20	22
16	50	34	14	2	21	21	22	21	23
16	54	52	15	3	22	23	29	23	25
16	59	10	16	4	24	25	36	25	26
17	3	29	17	5	25	27	46	27	27
17	7	49	18	6	26	0 ♓	0	28	28
17	12	9	19	7	27	2	19	♉	29
17	16	29	20	8	29	4	40	2	♊
17	20	49	21	9	♒	7	2	3	1
17	25	9	22	10	1	9	26	5	2
17	29	30	23	11	3	11	54	7	3
17	33	51	24	12	4	14	24	8	5
17	38	12	25	13	5	17	0	10	6
17	42	34	26	14	7	19	33	11	7
17	46	55	27	15	8	22	6	13	8
17	51	17	28	16	10	24	40	14	9
17	55	38	29	17	11	27	20	16	10
18	0	0	30	18	13	30	0	17	11

Sidereal Time H.	M.	S.	10 ♑ °	11 ♑ °	12 ♒ °	Ascen ♈ °	′	2 ♉ °	3 ♊ °
18	0	0	0	18	13	0	0	17	11
18	4	22	1	20	14	2	39	19	13
18	8	43	2	21	16	5	19	20	14
18	13	5	3	22	17	7	55	22	15
18	17	26	4	23	19	10	29	23	16
18	21	48	5	24	20	13	2	25	17
18	26	9	6	25	22	15	36	26	18
18	30	30	7	26	23	18	6	28	19
18	34	51	8	27	25	20	34	29	20
18	39	11	9	29	27	22	59	♊	21
18	43	31	10	♒	28	25	22	1	22
18	47	51	11	1	♓	27	42	2	23
18	52	11	12	2	2	29	58	4	24
18	56	31	13	3	3	2 ♉	13	5	25
19	0	50	14	4	5	4	24	6	26
19	5	8	15	6	7	6	30	8	27
19	9	26	16	7	9	8	36	9	28
19	13	44	17	8	10	10	40	10	29
19	18	1	18	9	12	12	39	11	♋
19	22	18	19	10	14	14	35	12	1
19	26	34	20	12	16	16	28	13	2
19	30	50	21	13	18	18	17	14	3
19	35	5	22	14	19	20	3	16	4
19	39	20	23	15	21	21	48	17	5
19	43	34	24	16	23	23	29	18	6
19	47	47	25	18	25	25	9	19	7
19	52	0	26	19	27	26	45	20	8
19	56	12	27	20	28	28	18	21	9
20	0	24	28	21	♈	29	49	22	10
20	4	35	29	23	2	1 ♊	19	23	11
20	8	45	30	24	4	2	45	24	12

Sidereal Time H.	M.	S.	10 ♒ °	11 ♒ °	12 ♈ °	Ascen ♊ °	′	2 ♊ °	3 ♋ °
20	8	45	0	24	4	2	45	24	12
20	12	54	1	25	6	4	9	25	12
20	17	3	2	27	7	5	32	26	13
20	21	11	3	28	9	6	53	27	14
20	25	19	4	29	11	8	12	28	15
20	29	26	5	♓	13	9	27	29	16
20	33	31	6	2	14	10	43	♋	17
20	37	37	7	3	16	11	58	1	18
20	41	41	8	4	18	13	9	2	19
20	45	45	9	6	19	14	18	3	20
20	49	48	10	7	21	15	25	3	21
20	53	51	11	8	23	16	32	4	21
20	57	52	12	9	24	17	39	5	22
21	1	53	13	11	26	18	44	6	23
21	5	53	14	12	28	19	48	7	24
21	9	53	15	13	29	20	51	8	25
21	13	52	16	15	♉	21	53	9	26
21	17	50	17	16	2	22	53	10	27
21	21	47	18	17	4	23	52	10	28
21	25	44	19	19	5	24	51	11	28
21	29	40	20	20	7	25	48	12	29
21	33	35	21	22	8	26	44	13	♌
21	37	29	22	23	10	27	40	14	1
21	41	23	23	24	11	28	34	15	2
21	45	16	24	25	13	29	29	15	3
21	49	9	25	26	14	0 ♋	22	16	4
21	53	1	26	28	15	1	15	17	4
21	56	52	27	29	16	2	7	18	5
22	0	43	28	♈	18	2	57	19	6
22	4	33	29	2	19	3	48	19	7
22	8	23	30	3	20	4	38	20	8

Sidereal Time H.	M.	S.	10 ♓ °	11 ♈ °	12 ♉ °	Ascen ♋ °	′	2 ♋ °	3 ♌ °
22	8	23	0	3	20	4	38	20	8
22	12	12	1	4	21	5	28	21	8
22	16	0	2	6	23	6	17	22	9
22	19	48	3	7	24	7	5	23	10
22	23	35	4	8	25	7	53	23	11
22	27	22	5	9	26	8	42	24	12
22	31	8	6	10	28	9	29	25	13
22	34	54	7	12	29	10	16	26	14
22	38	40	8	13	♊	11	2	26	14
22	42	25	9	14	1	11	47	27	15
22	46	9	10	15	2	12	31	28	16
22	49	53	11	17	3	13	16	29	17
22	53	37	12	18	4	14	1	29	18
22	57	20	13	19	5	14	45	♌	19
23	1	3	14	20	6	15	28	1	19
23	4	46	15	21	7	16	11	2	20
23	8	28	16	23	8	16	54	2	21
23	12	10	17	24	9	17	37	3	22
23	15	52	18	25	10	18	20	4	23
23	19	34	19	26	11	19	3	5	24
23	23	15	20	27	12	19	45	5	24
23	26	56	21	29	13	20	26	6	25
23	30	37	22	♉	14	21	8	7	26
23	34	18	23	1	15	21	50	7	27
23	37	58	24	2	16	22	31	8	28
23	41	39	25	3	17	23	12	9	28
23	45	19	26	4	18	23	53	9	29
23	49	0	27	5	19	24	32	10	♍
23	52	40	28	6	20	25	15	11	1
23	56	20	29	8	21	25	56	12	2
24	0	0	30	9	22	26	36	13	3

TABLES OF HOUSES FOR LIVERPOOL, *Latitude* 53° 25′ N.

Sidereal Time.			10 ♈	11 ♉	12 ♊	Ascen ♋		2 ♌	3 ♍
H.	M.	S.	°	°	°	°	′	°	°
0	0	0	0	9	24	28	12	14	3
0	3	40	1	10	25	28	51	14	4
0	7	20	2	12	25	29	30	15	4
0	11	0	3	13	26	0 ♌	9	16	5
0	14	41	4	14	27	0	48	17	6
0	18	21	5	15	28	1	27	17	7
0	22	2	6	16	29	2	6	18	8
0	25	42	7	17	♋	2	44	19	9
0	29	23	8	18	1	3	22	19	10
0	33	4	9	19	1	4	1	20	10
0	36	45	10	20	2	4	39	21	11
0	40	26	11	21	3	5	18	22	12
0	44	8	12	22	4	5	56	22	13
0	47	50	13	23	5	6	34	23	14
0	51	32	14	24	6	7	13	24	14
0	55	14	15	25	6	7	51	24	15
0	58	57	16	26	7	8	30	25	16
1	2	40	17	27	8	9	8	26	17
1	6	23	18	28	9	9	47	26	18
1	10	7	19	29	10	10	25	27	19
1	13	51	20	♊	11	11	4	28	19
1	17	35	21	1	11	11	43	28	20
1	21	20	22	2	12	12	21	29	21
1	25	6	23	3	13	13	0	♍	22
1	28	52	24	4	14	13	39	1	23
1	32	38	25	5	15	14	17	1	24
1	36	25	26	6	15	14	56	2	25
1	40	12	27	7	16	15	35	3	25
1	44	0	28	8	17	16	14	3	26
1	47	48	29	9	18	16	53	4	27
1	51	37	30	10	18	17	32	5	28

Sidereal Time.			10 ♉	11 ♊	12 ♋	Ascen ♌		2 ♍	3 ♍
H.	M.	S.	°	°	°	°	′	°	°
1	51	37	0	10	18	17	32	5	28
1	55	27	1	11	19	18	11	6	29
1	59	17	2	12	20	18	51	6	♎
2	3	8	3	13	21	19	30	7	1
2	6	59	4	14	22	20	9	8	2
2	10	51	5	15	22	20	49	9	2
2	14	44	6	16	23	21	28	9	3
2	18	37	7	17	24	22	8	10	4
2	22	31	8	18	25	22	48	11	5
2	26	25	9	19	25	23	28	12	6
2	30	20	10	20	26	24	8	12	7
2	34	16	11	21	27	24	48	13	8
2	38	13	12	22	28	25	28	14	9
2	42	10	13	23	29	26	8	15	10
2	46	8	14	24	29	26	49	15	10
2	50	7	15	25	♌	27	29	16	11
2	54	7	16	26	1	28	10	17	12
2	58	7	17	27	2	28	51	18	13
3	2	8	18	28	2	29	32	19	14
3	6	9	19	29	3	0 ♍	13	19	15
3	10	12	20	29	4	0	54	20	16
3	14	15	21	♋	5	1	36	21	17
3	18	19	22	1	5	2	17	22	18
3	22	23	23	2	6	2	59	23	19
3	26	29	24	3	7	3	41	23	20
3	30	35	25	4	8	4	23	24	21
3	34	41	26	5	9	5	5	25	22
3	38	49	27	6	10	5	47	26	22
3	42	57	28	7	10	6	29	27	23
3	47	6	29	8	11	7	12	27	24
3	51	15	30	9	12	7	55	28	25

Sidereal Time.			10 ♊	11 ♋	12 ♌	Ascen ♍		2 ♍	3 ♎
H.	M.	S.	°	°	°	°	′	°	°
3	51	15	0	9	12	7	55	28	25
3	55	25	1	10	13	8	37	29	26
3	59	36	2	11	13	9	20	♎	27
4	3	48	3	12	14	10	3	1	28
4	8	0	4	12	15	10	46	2	29
4	12	13	5	13	16	11	30	2	♏
4	16	26	6	14	17	12	13	3	1
4	20	40	7	15	18	12	56	4	2
4	24	55	8	16	18	13	40	5	3
4	29	10	9	17	19	14	24	6	4
4	33	26	10	18	20	15	8	7	5
4	37	42	11	19	21	15	52	7	6
4	41	59	12	20	21	16	36	8	6
4	46	16	13	21	22	17	20	9	7
4	50	34	14	22	23	18	4	10	8
4	54	52	15	23	24	18	48	11	9
4	59	10	16	24	25	19	32	12	10
5	3	29	17	24	26	20	17	12	11
5	7	49	18	25	26	21	1	13	12
5	12	9	19	26	27	21	46	14	13
5	16	29	20	27	28	22	31	15	14
5	20	49	21	28	29	23	16	16	15
5	25	9	22	29	♍	24	0	17	16
5	29	30	23	♌	1	24	45	18	17
5	33	51	24	1	1	25	30	18	18
5	38	12	25	2	2	26	15	19	19
5	42	34	26	3	3	27	0	20	20
5	46	55	27	4	4	27	45	21	21
5	51	17	28	5	5	28	30	22	21
5	55	38	29	6	6	29	15	23	22
6	0	0	30	7	7	30	0	23	23

Sidereal Time.			10 ♋	11 ♌	12 ♍	Ascen ♎		2 ♎	3 ♏
H.	M.	S.	°	°	°	°	′	°	°
6	0	0	0	7	7	0	0	23	23
6	4	22	1	8	7	0	45	24	24
6	8	43	2	9	8	1	30	25	25
6	13	5	3	9	9	2	15	26	26
6	17	26	4	10	10	3	0	27	27
6	21	48	5	11	11	3	45	28	28
6	26	9	6	12	12	4	30	29	29
6	30	30	7	13	12	5	15	29	♐
6	34	51	8	14	13	6	0	♏	1
6	39	11	9	15	14	6	44	1	2
6	43	31	10	16	15	7	29	2	3
6	47	51	11	17	16	8	14	3	4
6	52	11	12	18	17	8	59	4	5
6	56	31	13	19	18	9	43	4	6
7	0	50	14	20	18	10	27	5	6
7	5	8	15	21	19	11	11	6	7
7	9	26	16	22	20	11	56	7	8
7	13	44	17	23	21	12	40	8	9
7	18	1	18	24	22	13	24	8	10
7	22	18	19	24	23	14	8	9	11
7	26	34	20	25	23	14	52	10	12
7	30	50	21	26	24	15	36	11	13
7	35	5	22	27	25	16	20	12	14
7	39	20	23	28	26	17	4	13	15
7	43	34	24	29	27	17	47	13	16
7	47	47	25	♍	28	18	30	14	17
7	52	0	26	1	28	19	13	15	18
7	56	12	27	2	29	19	57	16	18
8	0	24	28	3	♎	20	40	17	19
8	4	35	29	4	1	21	23	17	20
8	8	45	30	5	2	22	5	18	21

Sidereal Time.			10 ♌	11 ♍	12 ♎	Ascen ♎		2 ♏	3 ♐
H.	M.	S.	°	°	°	°	′	°	°
8	8	45	0	5	2	22	5	18	21
8	12	54	1	6	2	22	48	19	22
8	17	3	2	7	3	23	30	20	23
8	21	11	3	8	4	24	13	20	24
8	25	19	4	8	5	24	55	21	25
8	29	26	5	9	6	25	37	22	26
8	33	31	6	10	7	26	19	23	27
8	37	37	7	11	7	27	1	24	28
8	41	41	8	12	8	27	43	25	29
8	45	45	9	13	9	28	24	25	♑
8	49	48	10	14	10	29	6	26	1
8	53	51	11	15	11	29	47	27	1
8	57	52	12	16	11	0 ♏	28	28	2
9	1	53	13	17	12	1	9	28	3
9	5	53	14	18	13	1	50	29	4
9	9	53	15	19	14	2	31	♐	5
9	13	52	16	19	15	3	11	1	6
9	17	50	17	20	15	3	52	1	7
9	21	47	18	21	16	4	32	2	8
9	25	44	19	22	17	5	12	3	9
9	29	40	20	23	18	5	52	4	10
9	33	35	21	24	18	6	32	5	11
9	37	29	22	25	19	7	12	5	12
9	41	23	23	26	20	7	52	6	13
9	45	16	24	27	21	8	32	7	14
9	49	9	25	27	21	9	12	8	15
9	53	1	26	28	22	9	51	8	16
9	56	52	27	29	23	10	30	9	17
10	0	43	28	♎	24	11	9	10	17
10	4	33	29	1	24	11	49	11	18
10	8	23	30	2	25	12	28	11	19

Sidereal Time.			10 ♍	11 ♎	12 ♎	Ascen ♏		2 ♐	3 ♑
H.	M.	S.	°	°	°	°	′	°	°
10	8	23	0	2	25	12	28	11	19
10	12	12	1	3	26	13	6	12	20
10	16	0	2	4	27	13	45	13	21
10	19	48	3	4	27	14	25	14	22
10	23	35	4	5	28	15	4	15	23
10	27	22	5	6	29	15	42	15	24
10	31	8	6	7	29	16	21	16	25
10	34	54	7	8	♏	17	0	17	26
10	38	40	8	9	1	17	39	18	27
10	42	25	9	10	2	18	17	18	28
10	46	9	10	10	2	18	55	19	29
10	49	53	11	11	3	19	34	20	♒
10	53	37	12	12	4	20	13	21	1
10	57	20	13	13	4	20	52	22	2
11	1	3	14	14	5	21	30	22	3
11	4	46	15	15	6	22	8	23	5
11	8	28	16	16	7	22	46	24	6
11	12	10	17	16	7	23	25	25	7
11	15	52	18	17	8	24	4	26	8
11	19	34	19	18	9	24	42	26	9
11	23	15	20	19	9	25	21	27	10
11	26	56	21	20	10	25	59	28	11
11	30	37	22	20	11	26	38	29	12
11	34	18	23	21	12	27	16	♑	13
11	37	58	24	22	12	27	54	1	14
11	41	39	25	23	13	28	33	1	15
11	45	19	26	24	14	29	11	2	16
11	49	0	27	25	14	29	50	3	17
11	52	40	28	26	15	0 ♐	30	4	18
11	56	20	29	26	16	1	9	5	20
12	0	0	30	27	16	1	48	6	21

TABLES OF HOUSES FOR LIVERPOOL, Latitude 53° 25′ N

Sidereal Time H.	M.	S.	10 ♎ °	11 ♎ °	12 ♏ °	Ascen ♐ °	′	2 ♑ °	3 ♒ °
12	0	0	0	27	16	1	48	6	21
12	3	40	1	28	17	2	27	7	22
12	7	20	2	29	18	3	6	8	23
12	11	0	3	♏	18	3	46	9	24
12	14	41	4	0	19	4	25	10	25
12	18	21	5	1	20	5	6	10	26
12	22	2	6	2	21	5	46	11	28
12	25	42	7	3	21	6	26	12	29
12	29	23	8	4	22	7	6	13	♓
12	33	4	9	4	23	7	46	14	1
12	36	45	10	5	24	8	27	15	2
12	40	26	11	6	24	9	8	16	3
12	44	8	12	7	25	9	49	17	5
12	47	50	13	8	26	10	30	18	6
12	51	32	14	9	26	11	12	19	7
12	55	14	15	9	27	11	54	20	8
12	58	57	16	10	28	12	36	21	10
13	2	40	17	11	28	13	19	22	11
13	6	23	18	12	29	14	2	23	12
13	10	7	19	13	♐	14	45	25	13
13	13	51	20	13	1	15	28	26	15
13	17	35	21	14	1	16	12	27	16
13	21	20	22	15	2	16	56	28	17
13	25	6	23	16	3	17	41	29	18
13	28	52	24	17	4	18	26	♒	19
13	32	38	25	17	4	19	11	1	21
13	36	25	26	18	5	19	57	3	22
13	40	12	27	19	6	20	44	4	23
13	44	0	28	20	7	21	31	5	24
13	47	48	29	21	7	22	18	7	26
13	51	37	30	21	8	23	6	8	27

Sidereal Time H.	M.	S.	10 ♏ °	11 ♏ °	12 ♐ °	Ascen ♐ °	′	2 ♒ °	3 ♓ °
13	51	37	0	21	8	23	6	8	27
13	55	27	1	22	9	23	55	9	28
13	59	17	2	23	10	24	43	10	♈
14	3	8	3	24	10	25	33	12	1
14	6	59	4	25	11	26	23	13	2
14	10	51	5	26	12	27	14	15	4
14	14	44	6	26	13	28	6	16	5
14	18	37	7	27	13	28	59	18	6
14	22	31	8	28	14	29	52	19	8
14	26	25	9	29	15	0 ♑	46	20	9
14	30	20	10	♐	16	1	41	22	10
14	34	16	11	1	17	2	36	23	11
14	38	13	12	2	18	3	33	25	13
14	42	10	13	2	18	4	30	26	14
14	46	8	14	3	19	5	29	28	16
14	50	7	15	4	20	6	29	♓	17
14	54	7	16	5	21	7	30	1	18
14	58	7	17	6	22	8	32	3	20
15	2	8	18	7	23	9	35	5	21
15	6	9	19	8	24	10	39	6	22
15	10	12	20	8	24	11	45	8	23
15	14	15	21	9	25	12	52	10	25
15	18	19	22	10	26	14	1	11	26
15	22	23	23	11	27	15	11	13	27
15	26	29	24	12	28	16	23	15	29
15	30	35	25	13	29	17	37	17	♉
15	34	41	26	14	♑	18	53	19	1
15	38	49	27	15	1	20	10	21	3
15	42	57	28	16	2	21	29	22	4
15	47	6	29	16	3	22	51	24	5
15	51	15	30	17	4	24	15	26	7

Sidereal Time H.	M.	S.	10 ♐ °	11 ♐ °	12 ♑ °	Ascen ♑ °	′	2 ♓ °	3 ♉ °
15	51	15	0	17	4	24	15	26	7
15	55	25	1	18	5	25	41	28	8
15	59	36	2	19	6	27	10	♈	9
16	3	48	3	20	7	28	41	2	10
16	8	0	4	21	8	0 ♒	14	4	12
16	12	13	5	22	9	1	50	5	13
16	16	26	6	23	10	3	30	7	14
16	20	40	7	24	11	5	13	9	15
16	24	55	8	25	12	6	58	11	17
16	29	10	9	26	13	8	46	13	18
16	33	26	10	27	14	10	38	15	19
16	37	42	11	28	15	12	32	17	20
16	41	59	12	29	16	14	31	19	22
16	46	16	13	♑	18	16	33	20	23
16	50	34	14	1	19	18	40	22	24
16	54	52	15	2	20	20	50	24	25
16	59	10	16	3	21	23	4	26	26
17	3	29	17	4	22	25	21	28	28
17	7	49	18	5	24	27	42	29	29
17	12	9	19	6	25	0 ♓	8	♉	♊
17	16	29	20	7	26	2	37	3	1
17	20	49	21	8	28	5	10	5	3
17	25	9	22	9	29	7	46	6	4
17	29	30	23	10	♒	10	24	8	5
17	33	51	24	11	2	13	7	10	6
17	38	12	25	12	3	15	52	11	7
17	42	34	26	13	4	18	38	13	8
17	46	55	27	14	6	21	27	15	9
17	51	17	28	15	7	24	17	16	10
17	55	38	29	16	9	27	8	18	12
18	0	0	30	17	11	30	0	19	13

Sidereal Time H.	M.	S.	10 ♑ °	11 ♑ °	12 ♒ °	Ascen ♈ °	′	2 ♉ °	3 ♊ °
18	0	0	0	17	11	0	0	19	13
18	4	22	1	18	12	2	52	21	14
18	8	43	2	20	14	5	43	23	15
18	13	5	3	21	15	8	33	24	16
18	17	26	4	22	17	11	22	25	17
18	21	48	5	23	19	14	8	27	18
18	26	9	6	24	20	16	53	28	19
18	30	30	7	25	22	19	36	♊	20
18	34	51	8	26	24	22	14	1	21
18	39	11	9	27	25	24	50	2	22
18	43	31	10	29	27	27	23	4	23
18	47	51	11	♒	28	29	52	5	24
18	52	11	12	1	♓	2 ♉	18	6	25
18	56	31	13	2	2	4	39	8	26
19	0	50	14	4	4	6	56	9	27
19	5	8	15	5	6	9	10	10	28
19	9	26	16	6	8	11	20	11	29
19	13	44	17	7	10	13	27	12	♋
19	18	1	18	8	11	15	29	14	1
19	22	18	19	9	13	17	28	15	2
19	26	34	20	11	15	19	22	16	3
19	30	50	21	12	17	21	14	17	4
19	35	5	22	13	19	23	2	18	5
19	39	20	23	15	21	24	47	19	6
19	43	34	24	16	23	26	30	20	7
19	47	47	25	17	25	28	10	21	8
19	52	0	26	18	26	29	46	22	9
19	56	12	27	20	28	1 ♊	19	23	10
20	0	24	28	21	♈	2	50	24	11
20	4	35	29	22	2	4	19	25	12
20	8	45	30	23	4	5	45	26	13

Sidereal Time H.	M.	S.	10 ♒ °	11 ♒ °	12 ♈ °	Ascen ♊ °	′	2 ♊ °	3 ♋ °
20	8	45	0	23	4	5	45	26	13
20	12	54	1	25	6	7	9	27	14
20	17	3	2	26	8	8	31	28	14
20	21	11	3	27	9	9	50	29	15
20	25	19	4	29	11	11	7	♋	16
20	29	26	5	♓	13	12	23	1	17
20	33	31	6	1	15	13	37	2	18
20	37	37	7	3	17	14	49	3	19
20	41	41	8	4	19	15	59	4	20
20	45	45	9	5	20	17	8	5	21
20	49	48	10	7	22	18	15	6	22
20	53	51	11	8	24	19	21	7	22
20	57	52	12	10	25	20	25	7	23
21	1	53	13	11	27	21	28	8	24
21	5	53	14	12	29	22	30	9	25
21	9	53	15	13	♉	23	31	10	26
21	13	52	16	14	2	24	31	11	27
21	17	50	17	16	4	25	30	12	28
21	21	47	18	17	5	26	27	12	28
21	25	44	19	18	7	27	24	13	29
21	29	40	20	20	8	28	19	14	♌
21	33	35	21	21	10	29	14	15	1
21	37	29	22	22	11	0 ♋	8	16	2
21	41	23	23	24	12	1	1	17	3
21	45	16	24	25	14	1	54	17	4
21	49	9	25	26	15	2	46	18	4
21	53	1	26	28	17	3	37	19	5
21	56	52	27	29	18	4	27	20	6
22	0	43	28	♈	20	5	17	20	7
22	4	33	29	2	21	6	5	21	8
22	8	23	30	3	22	6	54	22	8

Sidereal Time H.	M.	S.	10 ♓ °	11 ♈ °	12 ♉ °	Ascen ♋ °	′	2 ♋ °	3 ♌ °
22	8	23	0	3	22	6	54	22	8
22	12	12	1	4	23	7	42	23	9
22	16	0	2	5	25	8	29	23	10
22	19	48	3	7	26	9	16	24	11
22	23	35	4	8	27	10	3	25	12
22	27	22	5	9	29	10	49	26	13
22	31	8	6	11	♊	11	34	26	13
22	34	54	7	12	1	12	19	27	14
22	38	40	8	13	2	13	3	28	15
22	42	25	9	14	3	13	48	29	16
22	46	9	10	16	4	14	32	29	17
22	49	53	11	17	5	15	15	♌	17
22	53	37	12	18	7	15	58	1	18
22	57	20	13	19	8	16	41	2	19
23	1	3	14	20	9	17	24	2	20
23	4	46	15	22	10	18	6	3	21
23	8	28	16	23	11	18	48	4	21
23	12	10	17	24	12	19	30	4	22
23	15	52	18	25	13	20	11	5	23
23	19	34	19	27	14	20	52	6	24
23	23	15	20	28	15	21	33	6	25
23	26	56	21	29	16	22	14	7	26
23	30	37	22	♉	17	22	54	8	26
23	34	18	23	1	18	23	34	9	27
23	37	58	24	2	19	24	14	9	28
23	41	39	25	4	20	24	54	10	29
23	45	19	26	5	21	25	35	11	♍
23	49	0	27	6	22	26	14	11	0
23	52	40	28	7	22	26	54	12	1
23	56	20	29	8	23	27	33	13	2
24	0	0	30	9	24	28	12	14	3

TABLES OF HOUSES FOR NEW YORK, *Latitude* 40° 43′ N.

Sidereal Time H.	M.	S.	10 ♈ °	11 ♉ °	12 ♊ °	Ascen ♋ °	′	2 ♌ °	3 ♍ °
0	0	0	0	6	15	18	53	8	1
0	3	40	1	7	16	19	38	9	2
0	7	20	2	8	17	20	23	10	3
0	11	0	3	9	18	21	12	11	4
0	14	41	4	11	19	21	55	12	5
0	18	21	5	12	20	22	40	12	5
0	22	2	6	13	21	23	24	13	6
0	25	42	7	14	22	24	8	14	7
0	29	23	8	15	23	24	54	15	8
0	33	4	9	16	23	25	37	15	9
0	36	45	10	17	24	26	22	16	10
0	40	26	11	18	25	27	5	17	11
0	44	8	12	19	26	27	50	18	12
0	47	50	13	20	27	28	33	19	13
0	51	32	14	21	28	29	18	19	13
0	55	14	15	22	28	0 ♌	3	20	14
0	58	57	16	23	29	0	46	21	15
1	2	40	17	24	♋	1	31	22	16
1	6	23	18	25	1	2	14	22	17
1	10	7	19	26	2	2	58	23	18
1	13	51	20	27	3	3	43	24	19
1	17	35	21	28	3	4	27	25	20
1	21	20	22	29	4	5	12	25	21
1	25	6	23	♊	5	5	56	26	22
1	28	52	24	1	6	6	40	27	22
1	32	38	25	2	7	7	25	28	23
1	36	25	26	2	8	8	9	29	24
1	40	12	27	3	9	8	53	♍	25
1	44	0	28	4	10	9	38	1	26
1	47	48	29	5	10	10	24	1	27
1	51	37	30	6	11	11	8	2	28

Sidereal Time H.	M.	S.	10 ♉ °	11 ♊ °	12 ♋ °	Ascen ♌ °	′	2 ♍ °	3 ♍ °
1	51	37	0	6	11	11	8	2	28
1	55	27	1	7	12	11	53	3	29
1	59	17	2	8	13	12	38	4	♎
2	3	8	3	9	14	13	22	5	1
2	6	59	4	10	15	14	8	5	2
2	10	51	5	11	15	14	53	6	3
2	14	44	6	12	16	15	39	7	4
2	18	37	7	13	17	16	24	8	4
2	22	31	8	14	18	17	10	9	5
2	26	25	9	15	19	17	56	10	6
2	30	20	10	16	20	18	41	10	7
2	34	16	11	17	20	19	27	11	8
2	38	13	12	18	21	20	14	12	9
2	42	10	13	19	22	21	0	13	10
2	46	8	14	19	23	21	47	14	11
2	50	7	15	20	24	22	33	15	12
2	54	7	16	21	25	23	20	16	13
2	58	7	17	22	25	24	7	17	14
3	2	8	18	23	26	24	54	17	15
3	6	9	19	24	27	25	42	18	16
3	10	12	20	25	28	26	29	19	17
3	14	15	21	26	29	27	17	20	18
3	18	19	22	27	♌	28	4	21	19
3	22	23	23	28	1	28	52	22	20
3	26	29	24	29	1	29	40	23	21
3	30	35	25	♋	2	0 ♍	29	24	22
3	34	41	26	1	3	1	17	24	23
3	38	49	27	2	4	2	6	25	24
3	42	57	28	3	5	2	55	26	25
3	47	6	29	4	6	3	43	27	26
3	51	15	30	5	7	4	32	28	27

Sidereal Time H.	M.	S.	10 ♊ °	11 ♋ °	12 ♌ °	Ascen ♍ °	′	2 ♍ °	3 ♎ °
3	51	15	0	5	7	4	32	28	27
3	55	25	1	6	8	5	22	29	28
3	59	36	2	6	8	6	10	♎	29
4	3	48	3	7	9	7	0	1	♏
4	8	0	4	8	10	7	49	2	1
4	12	13	5	9	11	8	40	3	2
4	16	26	6	10	12	9	30	4	3
4	20	40	7	11	13	10	19	4	4
4	24	55	8	12	14	11	10	5	5
4	29	10	9	13	15	12	0	6	6
4	33	26	10	14	16	12	51	7	7
4	37	42	11	15	16	13	41	8	8
4	41	59	12	16	17	14	32	9	9
4	46	16	13	17	18	15	23	10	10
4	50	34	14	18	19	16	14	11	11
4	54	52	15	19	20	17	5	12	12
4	59	10	16	20	21	17	56	13	13
5	3	29	17	21	22	18	47	14	14
5	7	49	18	22	23	19	39	15	15
5	12	9	19	23	24	20	30	16	16
5	16	29	20	24	25	21	22	17	17
5	20	49	21	25	25	22	13	18	18
5	25	9	22	26	26	23	5	18	19
5	29	30	23	27	27	23	57	19	20
5	33	51	24	28	28	24	49	20	21
5	38	12	25	29	29	25	40	21	22
5	42	34	26	♌	♍	26	32	22	22
5	46	55	27	1	1	27	25	23	23
5	51	17	28	2	2	28	16	24	24
5	55	38	29	3	3	29	8	25	25
6	0	0	30	4	4	30	0	26	26

Sidereal Time H.	M.	S.	10 ♋ °	11 ♌ °	12 ♍ °	Ascen ♎ °	′	2 ♎ °	3 ♏ °
6	0	0	0	4	4	0	0	26	26
6	4	22	1	5	5	0	52	27	27
6	8	43	2	6	6	1	44	28	28
6	13	5	3	6	7	2	35	29	29
6	17	26	4	7	8	3	28	♏	♐
6	21	48	5	8	9	4	20	1	1
6	26	9	6	9	10	5	11	2	2
6	30	30	7	10	11	6	3	3	3
6	34	51	8	11	12	6	55	3	4
6	39	11	9	12	13	7	47	4	5
6	43	31	10	13	14	8	38	5	6
6	47	51	11	14	15	9	30	6	7
6	52	11	12	15	15	10	21	7	8
6	56	31	13	16	16	11	13	8	9
7	0	50	14	17	17	12	4	9	10
7	5	8	15	18	18	12	55	10	11
7	9	26	16	19	19	13	46	11	12
7	13	44	17	20	20	14	37	12	13
7	18	1	18	21	21	15	28	13	14
7	22	18	19	22	22	16	19	14	15
7	26	34	20	23	23	17	9	14	16
7	30	50	21	24	23	18	0	15	17
7	35	5	22	25	24	18	50	16	18
7	39	20	23	26	25	19	41	17	19
7	43	34	24	27	26	20	30	18	20
7	47	47	25	28	27	21	20	19	21
7	52	0	26	29	28	22	11	20	22
7	56	12	27	♍	29	23	0	21	23
8	0	24	28	1	♎	23	50	21	24
8	4	35	29	2	1	24	38	22	24
8	8	45	30	3	2	25	28	23	25

Sidereal Time H.	M.	S.	10 ♌ °	11 ♍ °	12 ♎ °	Ascen ♎ °	′	2 ♏ °	3 ♐ °
8	8	45	0	3	2	25	28	23	25
8	12	54	1	4	3	26	17	24	26
8	17	3	2	5	4	27	5	25	27
8	21	11	3	6	5	27	54	26	28
8	25	19	4	7	6	28	43	27	29
8	29	26	5	8	7	29	31	28	♑
8	33	31	6	9	7	0 ♏	20	28	1
8	37	37	7	10	8	1	8	29	2
8	41	41	8	11	9	1	56	♐	3
8	45	45	9	12	10	2	43	1	4
8	49	48	10	13	11	3	31	2	5
8	53	51	11	14	12	4	18	3	6
8	57	52	12	15	12	5	6	4	7
9	1	53	13	16	13	5	53	5	8
9	5	53	14	17	14	6	40	5	9
9	9	53	15	18	15	7	27	6	10
9	13	52	16	19	16	8	13	7	10
9	17	50	17	20	17	9	0	8	11
9	21	47	18	21	18	9	46	9	12
9	25	44	19	22	19	10	33	10	13
9	29	40	20	23	19	11	19	10	14
9	33	35	21	24	20	12	4	11	15
9	37	29	22	24	21	12	50	12	16
9	41	23	23	25	22	13	36	13	17
9	45	16	24	26	23	14	21	14	18
9	49	9	25	27	24	15	7	15	19
9	53	1	26	28	24	15	52	15	20
9	56	52	27	29	25	16	38	16	21
10	0	43	28	♎	26	17	22	17	22
10	4	33	29	1	27	18	7	18	23
10	8	23	30	2	28	18	52	19	24

Sidereal Time H.	M.	S.	10 ♍ °	11 ♎ °	12 ♎ °	Ascen ♏ °	′	2 ♐ °	3 ♑ °
10	8	23	0	2	28	18	52	19	24
10	12	12	1	3	29	19	36	20	25
10	16	0	2	4	29	20	22	20	26
10	19	48	3	5	♏	21	7	21	27
10	23	35	4	6	1	21	51	22	28
10	27	22	5	7	1	22	35	23	28
10	31	8	6	7	2	23	20	24	29
10	34	54	7	8	3	24	4	25	♒
10	38	40	8	9	4	24	48	25	1
10	42	25	9	10	5	25	33	26	2
10	46	9	10	11	6	26	17	27	3
10	49	53	11	12	7	27	2	28	4
10	53	37	12	13	7	27	46	29	5
10	57	20	13	14	8	28	29	♑	6
11	1	3	14	15	9	29	14	1	7
11	4	46	15	16	10	29	57	1	8
11	8	28	16	17	11	0 ♐	42	2	9
11	12	10	17	17	11	1	27	3	10
11	15	52	18	18	12	2	10	4	11
11	19	34	19	19	13	2	55	5	12
11	23	15	20	20	14	3	38	6	13
11	26	56	21	21	14	4	23	7	14
11	30	37	22	22	15	5	6	7	15
11	34	18	23	23	16	5	52	8	16
11	37	58	24	23	17	6	36	9	17
11	41	39	25	24	18	7	20	10	18
11	45	19	26	25	18	8	5	11	19
11	49	0	27	26	19	8	48	12	20
11	52	40	28	27	20	9	37	13	22
11	56	20	29	28	21	10	22	14	23
12	0	0	30	29	21	11	7	15	24

TABLES OF HOUSES FOR NEW YORK, Latitude 40° 43′ N.

Sidereal Time. H.	M.	S.	10 ♎ °	11 ♎ °	12 ♏ °	Ascen ♐ °	′	2 ♑ °	3 ♒ °
12	0	0	0	29	21	11	7	15	24
12	3	40	1	♏	22	11	52	16	25
12	7	20	2	1	23	12	37	17	26
12	11	0	3	1	24	13	19	17	27
12	14	41	4	2	25	14	7	18	28
12	18	21	5	3	25	14	52	19	29
12	22	2	6	4	26	15	38	20	♓
12	25	42	7	5	27	16	23	21	1
12	29	23	8	6	28	17	11	22	2
12	33	4	9	6	28	17	58	23	3
12	36	45	10	7	29	18	45	24	4
12	40	26	11	8	♐	19	32	25	5
12	44	8	12	9	1	20	20	26	7
12	47	50	13	10	2	21	8	27	8
12	51	32	14	11	2	21	57	28	9
12	55	14	15	12	3	22	43	29	10
12	58	57	16	13	4	23	33	♒	11
13	2	40	17	13	5	24	22	1	12
13	6	23	18	14	6	25	11	2	13
13	10	7	19	15	7	26	1	3	15
13	13	51	20	16	7	26	51	5	16
13	17	35	21	17	8	27	40	6	17
13	21	20	22	18	9	28	32	7	18
13	25	6	23	19	10	29	23	8	19
13	28	52	24	19	10	0 ♑	14	9	20
13	32	38	25	20	11	1	7	10	21
13	36	25	26	21	12	2	0	11	23
13	40	12	27	22	13	2	52	12	24
13	44	0	28	23	13	3	46	13	25
13	47	48	29	24	14	4	41	15	26
13	51	37	30	25	15	5	35	16	27

Sidereal Time. H.	M.	S.	10 ♏ °	11 ♏ °	12 ♐ °	Ascen ♑ °	′	2 ♒ °	3 ♓ °
13	51	37	0	25	15	5	35	16	27
13	55	27	1	25	16	6	30	17	29
13	59	17	2	26	17	7	27	18	♈
14	3	8	3	27	18	8	23	20	1
14	6	59	4	28	18	9	20	21	2
14	10	51	5	29	19	10	18	22	3
14	14	44	6	♐	20	11	16	23	5
14	18	37	7	1	21	12	15	24	6
14	22	31	8	2	22	13	15	26	7
14	26	25	9	2	23	14	16	27	8
14	30	20	10	3	24	15	17	28	9
14	34	16	11	4	24	16	19	♓	11
14	38	13	12	5	25	17	23	1	12
14	42	10	13	6	26	18	27	2	13
14	46	8	14	7	27	19	32	4	14
14	50	7	15	8	28	20	37	5	16
14	54	7	16	9	29	21	44	6	17
14	58	7	17	10	♑	22	51	8	18
15	2	8	18	10	1	23	59	9	19
15	6	9	19	11	2	25	9	11	20
15	10	12	20	12	3	26	19	12	22
15	14	15	21	13	4	27	31	14	23
15	18	19	22	14	5	28	43	15	24
15	22	23	23	15	6	29	57	16	25
15	26	29	24	16	6	1 ♒	14	18	26
15	30	35	25	17	7	2	28	19	28
15	34	41	26	18	8	3	46	21	29
15	38	49	27	19	9	5	5	22	♉
15	42	57	28	20	10	6	25	24	1
15	47	6	29	21	11	7	46	25	3
15	51	15	30	21	13	9	8	27	4

Sidereal Time. H.	M.	S.	10 ♐ °	11 ♐ °	12 ♑ °	Ascen ♒ °	′	2 ♓ °	3 ♉ °
15	51	15	0	21	13	9	8	27	4
15	55	25	1	22	14	10	31	28	5
15	59	36	2	23	15	11	56	♈	6
16	3	48	3	24	16	13	23	1	7
16	8	0	4	25	17	14	50	3	9
16	12	13	5	26	18	16	9	4	10
16	16	26	6	27	19	17	50	6	11
16	20	40	7	28	20	19	22	7	12
16	24	55	8	29	21	20	56	9	13
16	29	10	9	♑	22	22	30	11	15
16	33	26	10	1	23	24	7	12	16
16	37	42	11	2	24	25	44	14	17
16	41	59	12	3	26	27	23	15	18
16	46	16	13	4	27	29	4	17	19
16	50	34	14	5	28	0 ♓	45	18	20
16	54	52	15	6	29	2	27	20	22
16	59	10	16	7	♒	4	11	21	23
17	3	29	17	8	2	5	56	23	24
17	7	49	18	9	3	7	43	24	25
17	12	9	19	10	4	9	30	26	26
17	16	29	20	11	5	11	18	27	27
17	20	49	21	12	7	13	8	29	28
17	25	9	22	13	8	14	57	♉	♊
17	29	30	23	14	9	16	48	2	1
17	33	51	24	15	10	18	41	3	2
17	38	12	25	16	12	20	33	5	3
17	42	34	26	17	13	22	25	6	4
17	46	55	27	19	14	24	19	7	5
17	51	17	28	20	16	26	12	9	6
17	55	38	29	21	17	28	7	10	7
18	0	0	30	22	18	30	0	12	9

Sidereal Time. H.	M.	S.	10 ♑ °	11 ♑ °	12 ♒ °	Ascen ♈ °	′	2 ♉ °	3 ♊ °
18	0	0	0	22	18	0	0	12	9
18	4	22	1	23	20	1	53	13	10
18	8	43	2	24	21	3	48	14	11
18	13	5	3	25	23	5	41	16	12
18	17	26	4	26	24	7	35	17	13
18	21	48	5	27	25	9	27	18	14
18	26	9	6	28	27	11	19	20	15
18	30	30	7	29	28	13	12	21	16
18	34	51	8	♒	♓	15	3	22	17
18	39	11	9	2	1	16	52	23	18
18	43	31	10	3	3	18	42	25	19
18	47	51	11	4	4	20	30	26	20
18	52	11	12	5	5	22	17	27	21
18	56	31	13	6	7	24	4	29	22
19	0	50	14	7	9	25	49	♊	23
19	5	8	15	9	10	27	33	1	24
19	9	26	16	10	12	29	15	2	25
19	13	44	17	11	13	0 ♉	56	3	26
19	18	1	18	12	15	2	37	4	27
19	22	18	19	13	16	4	16	6	28
19	26	34	20	14	18	5	53	7	29
19	30	50	21	16	19	7	30	8	♋
19	35	5	22	17	21	9	4	9	1
19	39	20	23	18	22	10	38	10	2
19	43	34	24	19	24	12	10	11	3
19	47	47	25	20	25	13	41	12	4
19	52	0	26	21	27	15	10	13	5
19	56	12	27	23	29	16	37	14	6
20	0	24	28	24	♈	18	4	15	7
20	4	35	29	25	2	19	29	16	8
20	8	45	30	26	3	20	52	17	9

Sidereal Time. H.	M.	S.	10 ♒ °	11 ♒ °	12 ♈ °	Ascen ♉ °	′	2 ♊ °	3 ♋ °
20	8	45	0	26	3	20	52	17	9
20	12	54	1	27	5	22	14	18	9
20	17	3	2	29	6	23	35	19	10
20	21	11	3	♓	8	24	55	20	11
20	25	19	4	1	9	26	14	21	12
20	29	26	5	2	11	27	32	22	13
20	33	31	6	3	12	28	46	23	14
20	37	37	7	5	14	0 ♊	3	24	15
20	41	41	8	6	15	1	17	25	16
20	45	45	9	7	16	2	29	26	17
20	49	48	10	8	18	3	41	27	18
20	53	51	11	10	19	4	51	28	19
20	57	52	12	11	21	6	1	29	20
21	1	53	13	12	22	7	9	♋	20
21	5	53	14	13	24	8	16	1	21
21	9	53	15	14	25	9	23	2	22
21	13	52	16	16	26	10	30	3	23
21	17	50	17	17	28	11	33	4	24
21	21	47	18	18	29	12	37	5	25
21	25	44	19	19	♉	13	41	6	26
21	29	40	20	21	2	14	43	6	27
21	33	35	21	22	3	15	44	7	28
21	37	29	22	23	4	16	45	8	28
21	41	23	23	24	6	17	45	9	29
21	45	16	24	25	7	18	44	10	♌
21	49	9	25	27	8	19	42	11	1
21	53	1	26	28	9	20	40	12	2
21	56	52	27	29	11	21	37	12	3
22	0	43	28	♈	12	22	33	13	4
22	4	33	29	1	13	23	30	14	5
22	8	23	30	3	14	24	25	15	5

Sidereal Time. H.	M.	S.	10 ♓ °	11 ♈ °	12 ♉ °	Ascen ♊ °	′	2 ♋ °	3 ♌ °
22	8	23	0	3	14	24	25	15	5
22	12	12	1	4	15	25	19	16	6
22	16	0	2	5	17	26	14	17	7
22	19	48	3	6	18	27	8	17	8
22	23	35	4	7	19	28	0	18	9
22	27	22	5	8	20	28	53	19	10
22	31	8	6	10	21	29	46	20	11
22	34	54	7	11	22	0 ♋	37	21	11
22	38	40	8	12	23	1	28	21	12
22	42	25	9	13	24	2	20	22	13
22	46	9	10	14	25	3	9	23	14
22	49	53	11	15	27	3	59	24	15
22	53	37	12	17	28	4	49	24	16
22	57	20	13	18	29	5	38	25	17
23	1	3	14	19	♊	6	27	26	17
23	4	46	15	20	1	7	17	27	18
23	8	28	16	21	2	8	3	28	19
23	12	10	17	22	3	8	52	28	20
23	15	52	18	23	4	9	40	29	21
23	19	34	19	24	5	10	28	♌	22
23	23	15	20	26	6	11	15	1	23
23	26	56	21	27	7	12	2	2	23
23	30	37	22	28	8	12	49	2	24
23	34	18	23	29	9	13	37	3	25
23	37	58	24	♉	10	14	22	4	26
23	41	39	25	1	11	15	8	5	27
23	45	19	26	2	12	15	53	5	28
23	49	0	27	3	12	16	41	6	29
23	52	40	28	4	13	17	23	7	29
23	56	20	29	5	14	18	8	8	♍
24	0	0	30	6	15	18	53	9	1

PROPORTIONAL LOGARITHMS FOR FINDING THE PLANETS' PLACES

Min.	0	1	2	3	4	5	6	7	8	9	10	11	12	13	14	15	Min.
	DEGREES OR HOURS																
0	3.1584	1.3802	1.0792	9031	7781	6812	6021	5351	4771	4260	3802	3388	3010	2663	2341	2041	**0**
1	3.1584	1.3730	1.0756	9007	7763	6798	6009	5341	4762	4252	3795	3382	3004	2657	2336	2036	**1**
2	2,8573	1,3660	1,0720	8983	7745	6784	5997	5330	4753	4244	3788	3375	2998	2652	2330	2032	**2**
3	2.6812	1.3590	1.0685	8959	7728	6769	5985	5320	4744	4236	3780	3368	2992	2646	2325	2027	**3**
4	2.5563	1.3522	1.0649	8935	7710	6755	5973	5310	4735	4228	3773	3362	2986	2640	2320	2022	**4**
5	2.4594	1.3454	1.0614	8912	7692	6741	5961	5300	4726	4220	3766	3355	2980	2635	2315	2017	**5**
6	2.3802	1.3388	1.0580	8888	7674	6726	5949	5289	4717	4212	3759	3349	2974	2629	2310	2012	**6**
7	2.3133	1.3323	1.0546	8865	7657	6712	5937	5279	4708	4204	3752	3342	2968	2624	2305	2008	**7**
8	2.2553	1.3258	1.0511	8842	7639	6698	5925	5269	4699	4196	3745	3336	2962	2618	2300	2003	**8**
9	2.2041	1.3195	1.0478	8819	7622	6684	5913	5259	4690	4188	3737	3329	2956	2613	2295	1998	**9**
10	2.1584	1.3133	1.0444	8796	7604	6670	5902	5249	4682	4180	3730	3323	2950	2607	2289	1993	**10**
11	2.1170	1.3071	1.0411	8773	7587	6656	5890	5239	4673	4172	3723	3316	2944	2602	2284	1988	**11**
12	2.0792	1.3010	1.0378	8751	7570	6642	5878	5229	4664	4164	3716	3310	2938	2596	2279	1984	**12**
13	2.0444	1.2950	1.0345	8728	7552	6628	5866	5219	4655	4156	3709	3303	2933	2591	2274	1979	**13**
14	2.0122	1.2891	1.0313	8706	7535	6614	5855	5209	4646	4148	3702	3297	2927	2585	2269	1974	**14**
15	1.9823	1.2833	1.0280	8683	7518	6600	5843	5199	4638	4141	3695	3291	2921	2580	2264	1969	**15**
16	1.9542	1.2775	1.0248	8661	7501	6587	5832	5189	4629	4133	3688	3284	2915	2574	2259	1965	**16**
17	1.9279	1.2719	1.0216	8639	7484	6573	5820	5179	4620	4125	3681	3278	2909	2569	2254	1960	**17**
18	1.9031	1.2663	1.0185	8617	7467	6559	5809	5169	4611	4117	3674	3271	2903	2564	2249	1955	**18**
19	1.8796	1.2607	1.0153	8595	7451	6546	5797	5159	4603	4109	3667	3265	2897	2558	2244	1950	**19**
20	1.8573	1.2553	1.0122	8573	7434	6532	5786	5149	4594	4102	3660	3258	2891	2553	2239	1946	**20**
21	1.8361	1.2499	1.0091	8552	7417	6519	5774	5139	4585	4094	3653	3252	2885	2547	2234	1941	**21**
22	1.8159	1.2445	1.0061	8530	7401	6505	5763	5129	4577	4086	3646	3246	2880	2542	2229	1936	**22**
23	1.7966	1.2393	1.0030	8509	7384	6492	5752	5120	4568	4079	3639	3239	2874	2536	2223	1932	**23**
24	1.7781	1.2341	1.0000	8487	7368	6478	5740	5110	4559	4071	3632	3233	2868	2531	2218	1927	**24**
25	1.7604	1.2289	0.9970	8466	7351	6465	5729	5100	4551	4063	3625	3227	2862	2526	2213	1922	**25**
26	1.7434	1.2239	0.9940	8445	7335	6451	5718	5090	4542	4055	3618	3220	2856	2520	2208	1917	**26**
27	1.7270	1.2188	0.9910	8424	7318	6438	5706	5081	4534	4048	3611	3214	2850	2515	2203	1913	**27**
28	1.7112	1.2139	0.9881	8403	7302	6425	5695	5071	4525	4040	3604	3208	2845	2509	2198	1908	**28**
29	1.6960	1.2090	0.9852	8382	7286	6412	5684	5061	4516	4032	3597	3201	2839	2504	2193	1903	**29**
30	1.6812	1.2041	0.9823	8361	7270	6398	5673	5051	4508	4025	3590	3195	2833	2499	2188	1899	**30**
31	1.6670	1.1993	0.9794	8341	7254	6385	5662	5042	4499	4017	3583	3189	2827	2493	2183	1894	**31**
32	1.6532	1.1946	0.9765	8320	7238	6372	5651	5032	4491	4010	3576	3183	2821	2488	2178	1889	**32**
33	1.6398	1.1899	0.9737	8300	7222	6359	5640	5023	4482	4002	3570	3176	2816	2483	2173	1885	**33**
34	1.6269	1.1852	0.9708	8279	7206	6346	5629	5013	4474	3994	3563	3170	2810	2477	2168	1880	**34**
35	1.6143	1.1806	0.9680	8259	7190	6333	5618	5003	4466	3987	3556	3164	2804	2472	2164	1875	**35**
36	1.6021	1.1761	0.9652	8239	7174	6320	5607	4994	4457	3979	3549	3157	2798	2467	2159	1871	**36**
37	1.5902	1.1716	0.9625	8219	7159	6307	5596	4984	4449	3972	3542	3151	2793	2461	2154	1866	**37**
38	1.5786	1.1671	0.9597	8199	7143	6294	5585	4975	4440	3964	3535	3145	2787	2456	2149	1862	**38**
39	1.5673	1.1627	0.9570	8179	7128	6282	5574	4965	4432	3957	3529	3139	2781	2451	2144	1857	**39**
40	1.5563	1.1584	0.9542	8159	7112	6269	5563	4956	4424	3949	3522	3133	2775	2445	2139	1852	**40**
41	1.5456	1.1540	0.9515	8140	7097	6256	5552	4947	4415	3942	3515	3126	2770	2440	2134	1848	**41**
42	1.5351	1.1498	0.9488	8120	7081	6243	5541	4937	4407	3934	3508	3120	2764	2435	2129	1843	**42**
43	1.5249	1.1455	0.9462	8101	7066	6231	5531	4928	4399	3927	3501	3114	2758	2430	2124	1838	**43**
44	1.5149	1.1413	0.9435	8081	7050	6218	5520	4918	4390	3919	3495	3108	2753	2424	2119	1834	**44**
45	1.5051	1.1372	0.9409	8062	7035	6205	5509	4909	4382	3912	3488	3102	2747	2419	2114	1829	**45**
46	1.4956	1.1331	0.9383	8043	7020	6193	5498	4900	4374	3905	3481	3096	2741	2414	2109	1825	**46**
47	1.4863	1.1290	0.9356	8023	7005	6180	5488	4890	4365	3897	3475	3089	2736	2409	2104	1820	**47**
48	1.4771	1.1249	0.9330	8004	6990	6168	5477	4881	4357	3890	3468	3083	2730	2403	2099	1816	**48**
49	1.4682	1.1209	0.9305	7985	6875	6155	5466	4872	4349	3882	3461	3077	2724	2398	2095	1811	**49**
50	1.4594	1.1170	0.9279	7966	6960	6143	5456	4863	4341	3875	3454	3071	2719	2393	2090	1806	**50**
51	1.4508	1.1130	0.9254	7947	6945	6131	5445	4853	4333	3868	3448	3065	2713	2388	2085	1802	**51**
52	1.4424	1.1091	0.9228	7929	6930	6118	5435	4844	4324	3860	3441	3059	2707	2382	2080	1797	**52**
53	1.4341	1.1053	0.9203	7910	6915	6106	5424	4835	4316	3853	3434	3053	2702	2377	2075	1793	**53**
54	1.4260	1.1015	0.9178	7891	6900	6094	5414	4826	4308	3846	3428	3047	2696	2372	2070	1788	**54**
55	1.4180	1.0977	0.9153	7873	6885	6081	5403	4817	4300	3838	3421	3041	2691	2367	2065	1784	**55**
56	1.4102	1.0939	0.9128	7854	6871	6069	5393	4808	4292	3831	3415	3034	2685	2362	2061	1779	**56**
57	1.4025	1.0902	0.9104	7836	6856	6057	5382	4798	4284	3824	3408	3028	2679	2356	2056	1774	**57**
58	1.3949	1.0865	0.9079	7818	6841	6045	5372	4789	4276	3817	3401	3022	2674	2351	2051	1770	**58**
59	1.3875	1.0828	0.9055	7800	6827	6033	5361	4780	4268	3809	3395	3016	2668	2346	2046	1765	**59**
	0	1	2	3	4	5	6	7	8	9	10	11	12	13	14	15	

RULE:—*Add proportional log. of planet's daily motion to log. of time from noon, and the sum will be the log. of the motion required. Add this to planet's place at noon, if time be* p.m.*, but subtract if* a.m. *and the sum will be planet's true place. If Retrograde, subtract for* p.m.*, but add for* a.m.

What is the Long. of ☽ Mar. 11th, 1980 at 2.15 p.m.?

☽'s daily motion—13° 42′

Prop. Log. of 13° 42′	.2435
Prop. Log. of 2h. 15m.	1.0280
☽'s motion in 2h. 15m. = 1° 17′ or Log.	1.2715

☽'s Long. on Mar. 11th. = 9°♓25′ + 1° 17′ = 10°♓42′

The Daily Motions of the Sun, Moon, Mars, Venus and Mercury will be found on pages 26 to 28.

MADE IN ENGLAND